売上5割減でも巻き返せる!

これからの飲食店経営者・店長の教科書

人材育成コンサルタント
田中司朗［著］
Shiro Tanaka

同友館

はじめに

「新型コロナで倒産すると覚悟しました」

これは、コロナ禍において私が取材した経営者ほぼ全員の声である。

クライアント先である某居酒屋チェーンの社長からは、「新型コロナの影響で業界の環境が大きく変わりました。変化への突破口を見つける必要があります」という連絡があった。また、私が主催する「実力店長養成講座」セミナー後に店長から出される質問の多くは、「飲食業界の将来はどうなるのでしょうか?」というような、先行きへの不安に満ちたものだ。店長のみならずエリアマネージャーからもそういった不安の声を聞く。

大手外食チェーンについても、「決算で7割が赤字」「大量閉店」「希望退職者募集」などの記事が新聞やネットで連日報じられている。コロナ終息後でも客足は7割ぐらいしか戻らないのではないかと懸念し、業態転換を急ぐ大手居酒屋チェーンも少なくない。飲食店の損益分岐点比率は、業種にもよるが90%程度で、10%売上が低下すると赤字に転落する業界である。

だが、このような厳しい経営環境下にありながら、強い意思で先を見据えたリーダーのもと、様々な工夫を凝らして営業努力を重ね、売上維持もしくは向上させている店舗や企業がある。私のクライアント先や、友人・知人が経営する飲食企業、また取材先においても、新しい販売チャネルで売上を伸長させたり黒字転換させたりしている店長がいるのだ。

今回取材した複数の企業において、コロナ禍でも成功している優秀な経営者や店長には次のような共通点がある。

1　過去の成功体験にとらわれない柔軟性がある

急速に店舗を拡大し、チェーン化に成功するなど、過去の実績にとらわれて新たなニーズに対応できず、衰退していった企業は少なくない。新しい時代に柔軟に対応し、次の一手を打ち続ける企業は強い。

2　危機を素早く感知して新しい販売チャネルを見つけ出せる

危機が迫った時、それをいち早く感知すること、そして速やかに新しい販売チャネルを見つけ出し、踏み切る判断をすることが大切だ。経営者に求められるのは素早い対応力である。

3　仕事に対する考え方「広く深く」を常に意識している

広くとは新しい発想、深くとは専門性の追求だ。フランチャイズを活用して二毛作で成功、強い商品力を武器にデリバリーで売上拡大など、広くアンテナを立てて、深く掘り下げていく姿勢が経営者には必要だ。

4　良いと思ったことはすぐに実行し、集中して取り組む

店長育成セミナーにおいて私が成功事例を紹介すると、翌日から即それを実行する店長がいる。そのような店長は常に業績を向上させている。今回紹介する12社の経営者・店長にも素早い実行力と、集中的に取り組む姿勢がある。

5　決してあきらめずにやり遂げる強い意志がある

コロナ禍においてもあきらめることなく、与えられた武器（商品）を最大限に活かすべく営業努力を重ね、売上前年比１００％越えを達成した店長たちがいる。意志あるところ

に道は開ける。

6 リーダーシップ（指導）が隅々まで行き渡っている

経営者1人、店長1人では何もできない。部下やスタッフを優れたリーダーシップで巻き込んでいくのだ。情熱は伝染するのである。

7 常にプラス思考で前向きな人間力がある

取材した経営者はコロナ禍で倒産するとは語ったが、あきらめず前向きだった。プラス志向で考え続けることが、新しいアイデアを生むのである。

進化論者のチャールズ・ダーウィンは、「最も強い者が生き残るのではなく、最も賢い者が生き延びるのでもない。唯一生き残ることができるのは、変化に対応できる者である」と語っている。またセブンイレブンを日本最大のコンビニチェーンに創り上げた鈴木敏文会長（名誉顧問）は、「変化への対応と基本の徹底」をスローガンにして、それを徹底的に貫き通してきた。「変化はリスクを伴うが、今の時代、変化しないほうがリスクが高い」

と語っている。

本書の第1章では、「具体的な売上・利益向上」編として、飲食の新常識の事例、テイクアウト、デリバリー、二毛作、ゴーストレストラン、EC販売で成功した経営者や店長などを紹介する。これらをベンチマークとし、次の一手に向けて活用していただきたい。

第2章は、「店舗・会社の体質改善」編。経営者・店長のリーダーシップが隅々まで行き渡り、徹底できる方法を解説する。SWOT分析での店の強み・弱みの発見、コミュニケーションの活性化、モチベーションアップの仕組みなどを参考にしていただきたい。

第3章では、「飲食店王道の原点に返れ」編として、看板メニュー、常連客のつくり方、QSC（Quality, Service, Cleanliness）の基本の徹底、店の空気（チームワーク）など、繁盛店の基本を解説する。

現在の外食マーケットは25兆円、中食（テイクアウト）は10兆円、内食（素材を買って家で調理すること）は35兆円である。そして新しい市場として、ウーバーイーツや出前館などを使っての「デリバリー」という、4つ目のマーケットが大きくなりつつある。

だが忘れてはならないのは、飲食店は家族や友人や恋人との楽しいひとときを過ごす幸せな場所であるということ。おいしい料理やホスピタリティあふれるサービスを通して、お客様に安らぎや元気、楽しさ、明日へのエネルギーを感じていただくための空間が、飲食店なのである。この感動マーケットは変わらず大きいと信じている。

私は25年間にわたって連載を続けている月刊『飲食店経営』の「実力店長はここが違う!!」シリーズで、第一線で活躍する店長たちが売上を20～30％上げる成功事例や、赤字店を黒字化した実例をたくさん紹介してきた。その数は250人に上る。そのノウハウを第2章、第3章で解説している。

これまでも外食業界は、幾多の危機的状況に面してきた。「バブル崩壊」「リーマンショック」「BSE」「東日本大震災」「新型コロナ」と、5～10年のサイクルで大きな経済的危機に見舞われている。本書は、今後も起こり得る様々な危機に立ち向かうためのリスクマネジメントとしても活用できるよう、構成している。

クライアント先の外食1部上場企業の常務であり、友人でもあるT氏と会食した時、私が「株価も1万2千円。14期連続増収増益。すばらしいですね」と話すと、彼は「いや、いつ何が起こるか分からない。常に危機感を持っています」と語った。その半年後、新型コロナが発生したのだ。予想不能なことが起こるのである。

P・F・ドラッカーは『経営者の条件』の中で、「トップ本来の仕事は、今日とは違う明日をつくり出すこと」だと語っている。

毎日現場で戦っている皆様にとって、本書が日々の仕事の参考になるとともに、新たな指針の1つとしてお役に立てれば幸いである。

本書の出版にあたり、同友館代表取締役・脇坂康弘氏と、多大なご協力を頂いた手嶋慶子さんに心より感謝申し上げます。

ありがとうございました。

2021年4月吉日　田中　司朗

目　次　——これからの飲食店経営者・店長の教科書

第2章　危機に強い店に変える方法　～会社・店舗の体質改善、組織改革編～ …… 89

第1章

新様式時代の新常識

～具体的な売上・利益向上編～

本書の第1章では、飲食業界の新常識として定着しつつあるテイクアウト、デリバリー、二毛作、ゴーストレストラン、ＥＣ販売、フランチャイズ等で成功し、コロナ禍でも前進を続ける12社の事例を紹介する。これらをベンチマークして、次の一手に向けて活用していただきたい。

・テイクアウトの事例…イタリアンの「チーズマリノ」では、駐車場に簡易のテントを張り、ピザとパスタ、サイドメニューで驚異の月商１５００万円を記録した。居酒屋の「魚まみれ眞吉」では、店頭で魚を販売して近隣の主婦に大変喜ばれ、1日で25万円も売り上げた。「食堂かど。」は店内の営業はせずに、弁当と惣菜で月商７５０万円を販売した。

・デリバリーの事例…「かに料理甲羅」の店長は、地域の企業や寺社への営業を繰り返し、かに弁当のデリバリー・テイクアウトでコロナ禍でも売上１００％をキープしている。「ステーキライスの店センタービーフ」は8坪10席の店だが、ウーバーイーツのデリバリーで売上２６０万円（売上比55％）を記録。「肉汁餃子ダンダダン」の店長は、デリバリーとテイクアウトで弁当を売りまくって、コロナ禍でも売上前年比１００％を維持している。

- **二毛作の事例**…備長扇屋のＦＣの社長は扇屋の売上が大幅ダウンしたため、扇屋を改装して「麺屋はなび」＋「扇屋」の二毛作で月８２０万円を売り上げ、成功させた。厳しい状況が続く居酒屋における売上対策の好例である。
- **ゴーストレストランの事例**…「Kitchen BASE」は日本初のシェア型クラウドキッチン。飲食スペースのないデリバリーやテイクアウト専用のゴーストキッチンを提供し、飲食業での独立を希望する人をサポートしている。
- **ＥＣ販売の事例**…柚子塩ラーメンの「ＡＦＵＲＩ」は、ラーメンのＥＣ販売（冷凍真空パック）で初月２０００万円を売り上げた。
- **新業態開発の事例**…高級焼肉専門店の「うる虎ダイニング」は、インバウンド客が多かったことからコロナ渦で売上９割ダウンの店舗も出た。だが客単価１５００円の新業態（焼肉定食専門店）を成功させた。
- **フランチャイズ本部の事例**…居酒屋業態の Globridge は、コロナ渦で店舗を半数以上（40店舗）閉店したが、「東京唐揚げ専門店あげたて」のフランチャイズ本部を立ち上げ、1年で１５２店舗オープンし、Ｖ字回復させた。
- **クラウドファンディングの事例**…バル業態の DressCircle は、チケット購入型クラウドファンディングで400万円を調達し、その後の売上効果は1200万円にもなった。

第1章では、コロナ禍でも成功した上記の企業・店を紹介する。しかし、窮地に陥ったまま回復できない店も多々ある。外食業界で40数年間を経験してきた私は、コロナ禍のような特殊な状況如何を問わず、**倒産や衰退をする企業・店には次のような共通点があると考えている。**

①　現状に満足して、新しいチャレンジ（新商品開発・新規事業）を怠った。
②　1号店が成功したことで急速出店したため、人材が追い付かなかった。
③　主要なポストに優秀な人材を配置できなかった。
④　トップが頑固でアドバイスを受け入れなかった。
⑤　店長や幹部の退職が多くなった。（リーダーの定着率悪化）
⑥　店長や幹部に対しての教育投資が疎かになった。
⑦　トップが慢心し、危機感を持たなくなった。
⑧　トップが派手な生活を送るようになった。（高級車・豪邸・歓楽街通い）

いかがだろうか？　近年厳しい状況に追い込まれている企業の経営者の姿が、上記と重なることはないだろうか？

ことに経営者が陥りやすいのは⑦である。順調だからといって油断してはならない。私のクライアント先の経営者の話だが、外食業界でトップクラスの業績を誇る１部上場企業でありながら、常に今後への危機感を抱き、早く次のブランドを考えないと３年後・５年後の将来はないと考えて、いつも策を練っている。好調な時こそ、危機感を持って臨むべきなのだ。この企業はコロナ禍の現在もなお、過去最高の業績を更新している。

実務時代にお世話になった日本ＫＦＣの社長室のデスクには、「Think Think Think」というメッセージボードが置かれていた。常に危機意識を持って次の一手を考え続けようということだ。

今回登場する企業の経営者・店長は、コロナの前も渦中の今も危機を意識し、どう乗り越えるかを考え続け、実行し続け、失敗を重ねつつも前進して、売上、利益を向上させてきたのだ。

第１章では、フランチャイズの活用で成功した経営者も紹介している。私は実務時代に１２０店舗のメガＦＣの営業責任者を経験している。

ＦＣ（加盟店）のメリットは次の通り。

①本部の指導援助があるため、未経験でも開業が可能。
②本部の成功ノウハウがあるので、失敗のリスクが少ない。
③チェーンの知名度があり、その信用を利用できる。
④出店立地に関し、実績に基づいて調査してもらえる。
⑤本部が販促活動を企画・実施するため、営業に専念できる。
⑥スーパーバイザーの定期巡回指導が受けられる。
⑦安定した利益の確保と、経営の長期継続が可能。

しかし、ＦＣビジネスにもライフサイクルがある。10年も20年も好調が続くＦＣ本部は少ない。人材が豊富で、変化への対応や進化をし続けるＦＣ企業を選んでいただきたい。

外食産業を変える４つのトレンド

世界最先端のフードビジネスについて解説するビジネス書『フードテック革命』（外村仁監修、日経ＢＰ、２０２０年）の中で、これからの外食産業を変える４つのビジネストレンドが挙げられている。要約して紹介しよう。

1　フードロボット

コロナ禍を機に、人手を介さないロボットによる効率・衛生・調理面での価値が大きく見直されている。特に配膳ロボットの導入が各社で進んでいる。

2　自販機３・０

自販機の進化型。小型の無人レストランと言うべきもので、個々の好みに合わせたノレッシュな料理や飲料を提供する。

3　デリバリー&ピックアップ

スマホ予約・決済システムを活用し、レストランや受け取り拠点で人手を介さずに注文者が料理をピックアップできる仕組みが、コロナ禍を機に重要性を増している。

4　ゴーストキッチン&シェア型セントラルキッチン

店舗を持たないデリバリー専門レストランが複数入店するゴーストキッチンや、シェア型のセントラルキッチンが増えている。

上記のうち、③のデリバリーと④のゴーストキッチン＆シェア型セントラルキッチンの事例は、第1章で紹介している。

ではこれから、12社の「新様式時代の新常識」成功事例を解説していく。

1 テイクアウトとデリバリーのみで、月商1500万円

チーズマリノ　日進竹の山店

「マリノ」は、株式会社マリノ（水野由太佳代表）が経営するカジュアルイタリアンのブランドで、東海地区では名店として知られている。同社は「ピッツェリアマリノ」を中心に89店舗を展開。うち「チーズマリノ」はチーズに特化した料理を提供するブランドで、現在4店舗ある。チーズマリノ日進竹の山店はマリノのロードサイド店29店舗の中でもナンバー1の売上を誇る。

　マリノの新型コロナウイルス対策はスピーディーだった。日本国内におけるコロナショックの影響が深刻化しはじめた3月初旬、いち早く危

機感を持った水野社長は、新聞折り込みチラシで「テイクアウト全品20％ＯＦＦ」の広告を出した。この素早い行動に、東海地区の飲食店経営者はかなり驚き、ざわついた。

チラシには「いろいろと心配事が多く、自粛が増える今ですが、お祝い事が多いこの季節にマリノの料理をご自宅でいかがですか？　皆様の思い出の1ページになるような、愛ある食卓の提案がマリノの願いです。大切な人とお幸せな時間をお過ごし下さい」というメッセージが書かれていた。

この速やかな対応でコロナ以前よりも売上を上げた店舗の代表格が、日進竹の山店である。

チーズマリノテラス盛況！

私は名古屋郊外に住まいがある。近隣を車で走っていて、たまたまこの店の前を通った時、駐車場にテントを張った「チーズマリノテラス」に大行列ができているのを見て驚き、思わず自分も車を停めて行列に加わってしまった！　そうやって並んで買ったピザとパスタがおいしいのはもちろん、安いのだ。これは感動ものである。

水野社長は猛威を振るう新型コロナウィルス対策として、4月中旬から5月末まで店内の営業は休止し、郊外型のマリノ29店舗の駐車場にテントを張って、テイクアウト用のピザ・パスタを販売することを決定した。これが「マリノテラス」である。その結果、日進竹の山店はテイクアウトとデリバリーの売上が社内ナンバー1となり、大成功を収めた。

店内での営業は一切なく、テイクアウト（マリノテラス及び電話予約）とデリバリーのみ。ランチ営業をやめた4月中旬以降、売上が落ちるどころか上がっている。マリノテラスのオープン後、すぐに昼と夕方の行列ができるようになった。1日の売上合計が、多い時だと週末で110万円、平日で55万円にもなるという。4月の売上前年比は106％。5月も前年比120％だった（月商1500万円）。かなり驚異的な数字である。

テイクアウト大成功の3つの要因

1　ピザ・パスタ540円のお値打ち価格

日進竹の山店の土・日（日商）の売上構成は、マリノテラス70％、電話予約20％、デリバリー10％。マリノテラスで扱う商品はピザ3種・パスタ3種で、価格はすべて540円（税込）と安価だ。サラダ・パエリア・フライドチキン・ポテト・ドルチェ・ドリンクと、サイドメニューも充実している。自宅でパーティーもできる品揃えである。

客単価はテラスが1500円、電話予約が2000円、デリバリーが3500円。デリバリーは1500円以上で配達料無料となる。

ピザはピザ職人が1枚1枚手伸ばしし、本格石窯で素早く焼き上げている。ピーク時には3人のプロがローテーションで焼く。パスタはソースと麺を分け、自宅で混ぜる形で提供。電子レンジ対応で、できたての味を楽しむことができる。商品のクオリティは非常に高いのに、とてもお値打ち価格なのだ。

2　マリノテラスの行列インパクト

この店の前にはスーパーとホームセンターがあり、交通量も多い。駐車場に昼も夕方も行列ができる光景は、かなり人目を引く。何事かと思って様子を見に来る人が大勢いて、リーズナブルな価格にもびっくりし、そのまま行列に並んでしまう。もちろんその背景には、東海地区トップクラスのイタリアンとしての信用力がある。

3　ホスピタリティの高さ

マリノはホスピタリティサービスのレベルが高いことから、女性客やファミリー客に支持されている。ちょっとしたハレの日（記念日）の利用も多い。

私が取材のため訪れた時も、テラスからかなり離れた場所に駐車したにもかかわらず、車から降りるや女性スタッフが気持ちのこもった大きな声で「いらっしゃいませ、こちらへどうぞ！」と呼び掛けてくれた。お客様に集中していなければできないことだ。

田村店長は、たとえマスクをしていても「目の笑顔」でアイコンタクトし、スピード感、会話、気遣いを大切にしておもてなしするよう指導している。

徹底したコロナ対策

店内の営業を再開した6月からは、入口でお客様の体温チェックを実施。お客様にはマスク着用と手指の消毒、ドリンクバー・サラダバーでの使い捨て手袋使用をお願いしている。店側としては定期的に、入口及びトイレのドアノブの消毒、便座の徹底消毒、テーブル・座席・メニューブックの消毒を行うほか、従業員の体温チェックも欠かさない。

また店内営業再開後、マリノテラスは駐車場に設置したコンテナ型ハウスで営業を続けており、平日４～５万円、土日は10万～12万円売れている。おかげで６～12月の売上前年比は１１０～１２８％と絶好調である。もちろんマリノテラスにおいても、万全のコロナ対策で臨んでいる。

「5：4・5：0・5」のスタッフ比率

人材を組織への貢献度で分類した「2：6：2の法則」（優秀な人が2割、普通の人が6割、劣る人が2割）という組織論がある。この店での割合を店長に尋ねると、「5：4・5：0・5」とのこと。私のクライアント先における店長セミナーで同じ質問をすることがあるが、優秀な人を「5割」と答えられる店長は5％にも満たない。この店では、「4・5」の「普通の人」のレベルが高いことも自認している。

高い人材レベルを維持するために日頃から厳しくチェックしているのは、テイクアウトでも決して手を抜くことのない「ピザの品質」だ。週末のピーク時でも妥協は許さず、ダメ出しをする。3チェック体制（調理者とパントリー担当者と提供者の3者でチェック）で高品質のピザを提供しており、少しでも問題があれば作り直しとなる。

接客のポイントは笑顔。スタッフ採用の面接時には、応募者の笑顔をスマホで撮影する。なかなか笑顔が出ない人は不採用にすることもある。

クレンリネスも徹底。スタッフがシフトを上がる時、必ず1ヵ所きれいにして帰るよう指導している。スタッフはトイレやテーブルや窓ガラスなど、自分が清掃した場所をホワイトボードに記入して報告する。これはマリノの伝統である。

店長とスタッフとのコミュニケーションも良好。店長は毎日全スタッフに声掛けしており、グループＬＩＮＥでは、成長しているスタッフを褒めてみんなが参考にできるよう、「良いことリスト」を全員で共有している。

学生スタッフが卒業する3月には卒業式を実施。プロジェクターで投影された思い出の映像にみんなが涙した。先輩から後輩へ、そして後輩から先輩へと、胸を打つメッセージが届けられた。人と人との繋がりを大切にする店は、団結して苦境を乗り越えられるのだ。


〈コロナ禍でも繁盛するマリノのポイント〉

① クセになる独自の味を誇る、主力商品の質の高さ
② マリノテラスの導入の早さと540円のバリュー（価値）の高さ
③ 店舗オペレーション力とスタッフの意識の高さ

コロナ禍のような状況下においても繁盛を続けるのはどんな店なのか、マリノのテイクアウトの成功を目の当たりにし、この3点が大事なのだと再確認させられた。

2

「そうだ、魚売ろう！」居酒屋の店頭で鮮魚販売

魚まみれ眞吉　原宿店

魚まみれ眞吉は、株式会社フィッシュウェル（日紫喜智代表）が経営する海鮮居酒屋で、都内で5店舗を展開している。

コロナ禍で売上が全店30％にまで落ち込み、肝心の魚も入手できない状態が続く中、なんとこの店は、自ら鮮魚を売ることで起死回生を図った。その結果、鮮魚販売だけで1日25万円を売り上げることに成功。さらに、弁当のテイクアウトとデリバリーをスタートさせたり、家賃の高い店を思い切って業態転換したりと、大胆な改革

を行うことで道を切り開いていき、売上を回復させていったのだ。

社長が先頭に立って魚を売ることから巻き返しを図った奮戦ぶりを紹介する。

そうだ、魚売ろう！

そもそもこの店は、日紫喜社長が毎日豊洲市場で全店分の魚を仕入れるため、鮮度の良い魚が評判となって全店繁盛してきた。

１号店の原宿店は40席ながら、オープン当時は月商４００万円からスタートし、繁忙期には８００万円も売り上げた。しかし、コロナ禍によって売上は激減した。銀行借入れはできたものの、毎月７００万円の赤字に苦しめられ、翌年の夏には資金繰りが立ち行かない可能性が濃厚となった。

悩みに悩んで思いついたのが、魚の販売である。予測もつかなかった災害のおかげで豊洲市場の魚が動かず、仕入れにも支障をきたしていたのだ。少しでも市場や漁師さんの助けになりたい、また地域の方々に鮮度の良い安い魚を提供したいという想いから、鮮魚販売を開始。「原宿店」とはいっても駅からは離れた住宅街なので、商機があると考えた。

鮮魚販売を思いついた時のことを、日紫喜社長は2020年4月のブログに掲載している。

「ずっと悩んでいました。こんな状況下で私には何ができるのか？　もちろん会社を潰さないで、スタッフの雇用を守る！　これが一番に決まっています。しかし、やれる事は限られています。テイクアウトや配達もやっています。生き残るためなら何でもやります。……（中略）……ない頭をフル回転させ、考えて考え抜き、決めました！　豊洲に行こう！　そしてお世話になっている仲買さんの売れ残った魚を買い取り、原宿店の店頭でがんばって売ろう！……（中略）……漁師さんや農家さんのほんの少しでもお役に立てたら。何よりも今まで本当にお世話になっている豊洲の仲買さんの力になれたら。儲けようと思って商売しないので、ほとんど原価で販売させていただきます。……（中略）……嬉しいことに初日の今日は何の告知もしていないのに2時間半でほぼ完売。久しぶりに働くって、こうでなきゃなーと思いました。むちゃくちゃ充実しました。明日も豊洲に行けるぞ！　明日も10時から原宿店の店頭で販売しますのでよろしくお願いします」

店頭の鮮魚販売で、１日25万円！

１匹売りの魚は、３枚におろすなどのサービスは無料。ただし、焼き魚、煮魚、刺身等は５００円の加工費で提供しており、収益源となっている。これは近隣の主婦や年配の方々から大変喜ばれた。鮮魚は10時から13時までの限定販売だが。多い時には25万円も売れた。平均日商18万円×週５日営業なので、４月・５月は月商３６０万円にもなった。

取材日はあいにくの雨天。それにもかかわらず大勢の主婦の皆さんが買い物に来ていた。調理方法などを丁寧に説明する日紫喜社長は、まさしく町の魚屋さんだ。店の前を通る地域の人からも声が掛かり、社長も笑顔で挨拶する。商売の原点を見ているようで、魚屋さんもいいなとつくづく思った次第である。

また、弁当販売のテイクアウトも好調で、「サバ塩焼き弁当７００円」「海鮮丼１０００円」などが１日70～80食も売れた。

店頭で魚を販売することで、鮮度の良い海鮮居酒屋だと認識されるようになったのは嬉しい効果だ。30％に落ち込んでいた売上は、80～90％にまで戻って来ている。

新橋店を「すし屋眞吉」へ業態転換

コロナ禍に見舞われて先行きを模索した時、社長と幹部3人で頭を悩ませたのは、一番家賃の高い新橋店をどうするかということだった。オープンわずか1年で、ビルオーナーとの契約がまだ5年もあり、撤退することができない。家賃は来年以降の後払いにしてもらったものの、収益アップのメドは立たない。話し合った結果、日本人のご馳走は焼肉と寿司という結論に。海鮮居酒屋から寿司の専門店へと業態転換することに決めた。

社内の役員が若い頃、寿司屋で修行したことがあったことと、寿司職人を募集したところ、25年の経験がある人が見つかった。

店名は「すし屋眞吉」。改装は必要最小限に留めた。客単価7000円（寿司5000円、ドリンク2000円）の高級寿司店である。看板メニューは「極み8貫盛り2000円」「炙りのどぐろ棒寿司」「名物！本まぐろ3貫盛り600円」で、1貫から注文OKだ。

コロナ前（魚まみれ眞吉）は1000万円だった新橋店の月商は、コロナ禍で300万〜400万円まで下がったが、10月にスタートした「すし屋眞吉」は600万円まで伸長した。

全店の売上は、現在80～90％にまで回復している。原宿店の店頭での鮮魚販売は、現在月に１００万円ほど。中古の軽自動車を６万円で購入して、今日も社長はデリバリーで弁当を配達している。

〈魚まみれ眞吉から学ぶこと〉

① 海鮮居酒屋から販売チャネルを広げ、店頭で魚を販売

② 豊洲の仲買さん・漁師さんの役に立ちたいという想い

③ 新橋店の、すし屋への業態転換

日紫喜社長のたくましい商魂に学びたい。

3 店頭の弁当販売で日商25万円（月商750万円）

食堂かど。　三軒茶屋

「食堂かど。」は、株式会社2TAPS（河内亮代表）が経営する和食居酒屋。ランチは定食が中心で、その後15時までは喫茶、夜は酒場の三毛作業態である。

この店のオープン予定は2020年3月だった。しかし新型コロナウィルスの影響をもろに受けて4月に延期し、まずはイートイン営業をせず、テイクアウトの弁当販売のみでスタート。6月にやっとグランドオープンを果たした。コロナ禍の中、わずか10坪16席で月に650万円を売り上げる超繁盛店が誕生したのはなぜか。その理由と経緯をたどる。

「食堂かど。」の誕生まで

2TAPSの河内社長はアパレル業界からの転身で、学生時代の先輩が経営していた新潟の和食店で修業した後、1号店の三茶呑場マルコ（10坪21席）をオープンした。不安でいっぱいだったが、友人たちが応援してくれたという。

1号店は月商400万円でスタートし、現在は800万円。坪売上80万円の超繁盛店となっている。坪売上30万円で繁盛店と言われる飲食業界で、この数字は驚異的。TBSの「がっちりマンデー」でも紹介されたほどだ。そして2号店、3号店と、順調に店舗展開していった。

1号店をオープンしてから5年経ってふと常連客を眺めた時、顔ぶれの変化を実感したと河内社長は言う。結婚や出産、引越し、加齢等々、それぞれの事情が変わって来店できなくなったお客様が多いことに改めて気付かされたそうだ。多くの女性客から、おいしいランチが食べられる店が欲しいという声も出るようになった。酒場という業態だけで人と人を繋ぐことに限界を感じ、年配の方から子供連れの方、妊娠している方、お酒が飲めない方まで、みんなが楽しめる場所を提供したいと考えて作ったのが、食堂かど。である。こうして三毛作業態が誕生した。

弁当販売で日商25万円

他の3店舗の2020年4月・5月の売上は、いずれも前年比の30％程度だった。月商500万～800万円の売上が150万～200万円にまで落ちたのだ。そのため多額の銀行借入れも行った。このままの状態が続けば半年後には倒産もあり得ると、危機感を募らせた。しかも食堂かど。のオープンはコロナ真っ只中という最悪のタイミング。イートイン営業は困難で、選択肢は弁当しかなかった。ところが、この弁当の販売が予想以上に当たった。

食堂かど。の立地は三軒茶屋の駅前メイン通りではなく、住宅街への抜け道になっているためか、通行人が多い。その一角においしそうな弁当や惣菜がズラリと並ぶ店ができて、コロナ禍で悩む主婦や高齢者の目を引いたのだ。外食の自粛で朝・昼・夜と家族のために料理を作らなければならないが、電車に乗って買い物に行くのは厳しいし、コンビニ弁当で済ませたくもない。食堂かど。の手づくり弁当がうれしい救世主となったのである。

弁当の種類は「いくらしゃけ丼」「お寿司弁当」「ばら寿司と鉄火巻き」「穴子の棒寿司」「折詰弁当」など。殊に15種の惣菜を盛り込んだ折詰弁当（２５００円）は４人家族１食分のおかずになるため、多い日には60個も売れるほど大人気だった。夕方は惣菜も12〜13種類販売した。４・５月は弁当・惣菜だけで日商25万円、月商７５０万円を売り上げた。

6月グランドオープンで超繁盛店に

オープン前から良い商品を提供したいという想いが強く、原価には60％かけた。また、1日２５０〜３００個の弁当・惣菜の仕込みには時間を要した。特に折詰弁当の15種類の惣菜の仕込みは大変だった。毎日買いに来るお客様も多いので、飽きられないよう1週間に1度は惣菜の種類をすべて変えたという。弁当も毎日のように内容を変えて販売した。調理場4人と販売2人のスタッフがフル回転して作り続け、夜は翌日の仕込みを行った。

販売促進としては、インスタグラムで映える写真を発信。フォロワー数は2ヵ月で1000人以上増えた。またパブリシティとしては、地元タウン誌の取材があった。

そしてようやく6月11日に食堂かど。がグランドオープン。10坪16席で月商650万円という超繁盛店が生まれたのである。イートイン営業を始めてからは、弁当の売上はランチ前の時間帯に限定しているため月80万円ほどだが、それでもかなりの数字をキープしていると言える。

参考までに、この店の現在の弁当メニューをお伝えしよう。「和風ハンバーグ丼」「鶏モモ西京焼き丼」「オムデミハヤシライス」「ズワイガニと舞茸と三つ葉の炊き込みご飯」で、すべて700円である。400~500円のおかずも7品目ある。

ちなみに他の3店舗の売上は、6月に70％まで持ち直し、7月には前年比100％に戻した。8月以降現在までは110％と好調である。

〈食堂かど。の弁当販売成功の要因〉

主婦や高齢者の胃袋をがっちりつかんだ要因は、以下の通り。

①　4月第1週目から弁当・惣菜1本に集中して販売したこと

②　家族全員が食べられる「折詰弁当」惣菜（15種類）の魅力

③　店頭にズラリと並んだ弁当・惣菜のインパクト

4 ラーメンのEC販売で月商2000万円

AFURI株式会社

ＡＦＵＲＩ株式会社は、柚子塩らーめんを看板メニューとするラーメンチェーンである。どの店も超が付くほどの繁盛店だったが、新型コロナウィルスの流行で大きな痛手を被った。都心の池袋店の売上前年比は40％に落ち込み、閉店に追い込まれた。他にも閉店を余儀なくされた店舗があるし、海外出店した店も非常に苦しい状況となった。おまけにコロナ直前の２０２０年１月にセントラルキッチンを立ち上げたばかりで、資金繰りは苦しくな

るばかり。

この危機を乗り越える突破口となったのは、ラーメンのＥＣ販売である。ＥＣ開設の初日から２００万円を売り上げ、１ヵ月で２０００万円を超える売上を記録したのだ。その快挙について紹介しよう。

繁盛店に襲いかかったコロナ禍

ＡＦＵＲＩは首都圏を中心に国内16店舗、海外に9店舗を展開している。原点となった最初の店は、２００１年に神奈川県厚木市の阿夫利山の麓に誕生した「ZUND-BAR」（30席）である。これが2時間待ちの大ヒット店となった。

神奈川県といえば、豚骨と醤油を掛け合わせた横浜家系のらーめんと、あっさりとした味わいの淡麗系が有名だが、ZUND-BARは後者の淡麗系である。阿夫利山（あふりやま）の麓から湧き出る天然水に、国産の丸鶏、魚介、香味野菜を入れてじっくり炊き上げるスープが上品な細麺に絡み、丁寧に炙ったチャーシューと半熟煮玉子が食欲をそそる。

その味をひっさげて、２００3年に都内へ出店。ＡＦＵＲＩ恵比寿1号店をオープンした。21席で月商１８００万円の超繁盛店である。

看板メニューの柚子塩らーめん（1080円）は、1品で商品シェアの30％を占める一番商品だ。客単価は1200円。らーめん店にしてはアッパーな価格だが、原材料にこだわった高品質らーめんを提供しつつ、従業員の待遇にも配慮したいという想いがある。

全店の平均月商は1000万円以上で、坪売上は60万円以上。しかし、そんな超繁盛店揃いのAFURIにも、コロナ禍は容赦なく襲いかかった。

都心の駅前店、売上前年比40％

新型コロナウィルス感染症流行の影響で、2020年3月後半から都心駅前の売上が激減したため、基本的に4月から6月までの2～3ヵ月休業した（店舗によって異なる）。AFURIはインバウンドの客層も多く、海外からの客足が途絶えたことでかなり厳しい状況となった。

中でも大きな影響を受けた北海道のトマム店と池袋店を閉店した。都心の駅前に立地する池袋店が売上前年比40％にまで落ち込んだのは痛手だった。しかし、立川及び新宿エリアには勝算があると考えたため、それぞれ新たに出店した。

国内の店だけでなく、海外の店もコロナ禍で売上が低迷した。もちろんこのような事態は予想だにしなかった。今後の活発な出店を考えて、1月に阿夫利山の麓でセントラルキッチンを立ち上げたばかりで、多額の借入れもしていた。

らーめんのEC販売に成功

セントラルキッチンの責任者でもある平田常務は、このような状況下では対面販売に頼るだけでは不十分であり、2本柱が必要だと考えた。そこで浮上したのが、セントラルキッチンでのらーめんのEC販売である。これを2020年4月27日からスタートした。

最初に販売したのは、看板商品の柚子塩らーめん3食セット（2980円）と6食セット（5660円）。スープは冷凍真空パックである。「店と同じ味を自宅でも」がコンセプト。冷凍真空パックにしたのはそのためだ。セントラルキッチンに冷凍庫が少なかったため、急遽、閉店した2店の冷凍庫を運んで設置した。

この商品は、よくあるお土産麺のレベルではない。多くのらーめん店は飲食店の営業許可はあるものの、自家製麺を販売する許可（「めん類製造業」の許可）は持っていない。AFURIにはセントラルキッチンがあるので、それが可能だった。

これが見事に当たった。ウェブサイトとフェイスブックでお知らせしただけで、驚くべきことにEC開設初日から100万円のロケットスタートを切ったのだ。緊急事態宣言の発令を背景に、1ヵ月の売上が2000万円を超えた。店の休業を知ったAFURIの大ファンたちがサイトを見てEC販売を知り、注文が殺到したためである。

平田常務は、この1ヵ月の売上は特需だと思ったそうだ。現在のEC販売においては、概ねAFURI1店舗分の売上をキープしているという。

EC販売の苦労と今後の取り組み

ECでこれほど売れるとは考えていなかったので、作業は大変だった。店が休業中だったため、社員を集めて対応した。特に苦労したのは、冷凍で発送したものの受取人不在で1週間経過し、戻ってきたケースが多かったこと。ギフトの場合、しばしばあることだ。1件1件連絡を取りながら対応する苦労は、冷凍食品を扱うEC販売には付き物と言っていいだろう。またネットでの評価が低くならないよう、お客様1人ひとりに誠心誠意を尽くして対応する必要もある。

11月からは「キャンプでAFURI鍋セット2680円」「柚子塩鍋セット3280円」

（どちらも締めのらーめん付き）も始まった。いずれも好評だ。2つ合わせると、現在「柚子塩らーめんセット」の売上に匹敵するほどになっている。

鍋セットが生まれたのは、コロナ禍でアウトドア需要が伸びたのを踏まえ、「キャンプフード×専門店の味」を形にしたいと思ったからだ。さらに、今後の販売チャネルを増やすべく、ふるさと納税返礼品のキットもスタートした。AFURIを知らない地方のお客様にアプローチするとともに、タイアップできる企業との連携を進めていく。

〈EC販売の成功ポイント〉

① 休業期間中の新しいチャネルに挑戦
② 店の味を追求し、セントラルキッチンを有効活用
③ キャンプでのAFURI鍋セットを考案

ＥＣ販売は、コロナ禍における新しい切り口の成功事例である。

5　備長扇屋＋麺屋はなびの二毛作（セパレート）で月商８２０万円！

麺屋はなび　東海荒尾店

やきとり居酒屋（備長扇屋）と台湾まぜそば（麺屋はなび）の二毛作ビジネス（２つのブランドを取り入れた店舗運営）により、コロナ禍において売上を伸ばした店がある。株式会社志恩（武智悠史代表）がＦＣで経営する東海荒尾店である。これは全国的にも珍しい成功事例だ。

志恩は、扇屋６店や麺屋はなび５店をはじめ、最高級食パンい志かわ、大衆ホルモンやきにく煙力など17店舗を経営するマルチＦＣ企業である。今回のコロナ禍で備長扇屋の売上が大幅に落ち込んだため、好調だった麺屋はなびとの二毛作を思い付き、実践した。

その結果、売上がコロナ前の2倍となったのである。

二毛作、スタート

コロナ禍で落ち込んだ扇屋6店の売上前年比は、時短営業の影響もあって4月が30%、5月が45%だった。その後も50～60%の状態が続き、武智社長は倒産も覚悟したという。多額の銀行借入れを行い、扇屋3店舗を苦渋の決断で閉店した。

雇用を守るためには事業改革をするしかない。初期投資を抑えて店舗を増やすにはどうすればよいかと知恵を絞った挙句、扇屋の店舗をセパレートして、麺屋はなびとの二毛作で営業することにした。というのも、麺屋はなびはコロナ禍でも売上前年比120%と好調だったからだ。この考えを本部に相談したところ、了承された。

まずは扇屋犬山店でスタートさせて成功したため、すぐに扇屋東海荒尾店でも改装に入った。東海荒尾店は40坪で106席。その40坪を、扇屋25坪66席、麺屋はなび15坪12席に分けて改装した。改装費は1000万円だ。

月商220万円に落ち込んだ店が、二毛作で820万円に！

コロナ以前の東海荒尾店は月商450万円の店だった。だが4月・5月は前年比30％にまで落ち込み、6月になっても50％の220万円にとどまった。扇屋はランチ営業をしていない。しかし麺屋はなびと言えば、名古屋めしの1つとして人気の高い台湾まぜそばのブランドである。このため二毛作の成功は確信していたという。

その結果、現在はなびの月商450万円、扇屋370万円で計820万円。年商1億円の店になったのだ。1店舗の家賃を按分でき、利益も大幅増。大成功である。はなびの1000万円の投資は1年以内に回収可能だ。今後、扇屋も伸びてくると思われる。

麺屋はなび売上好調の要因

1　台湾まぜそばの知名度は高く、常連客も多い（商品シェア70％）

東海地区でははなびの知名度は高く、新山直人社長のファンも多い。オープン前（改装中やスタッフのトレーニング中）から、近隣のお客様やドライバーに「いつオープンですか？」と何度も聞かれた。客層は男性6、女性4。20～30代に絶大な人気があり、若い女性客も多い。常連客が多く、週に2～3回来店する人もいる。

商品シェアは、台湾まぜそば（870円）70％、醤油ラーメン（770円）20％、坦々麺（900円）10％の割合。DX（デラックス）台湾まぜそば（1240円）も、ガッツリ系男性常連客に人気だ。

2 いつも笑顔で元気（接客7割、商品3割）

おいしい商品をさらにおいしくするのは接客。はなび本部の新山社長も接客7割、商品3割と考えている。ラーメン屋は完成度の高い商品プラス活気・笑顔の接客が重要なのだ。

「カウンター席はお客様との距離感が近い。手元まで見られているので緊張感を持って作っています」と青山店長。お客様からは「おいしかったよ。ごちそうさま」と頻繁に声が掛かる。

私も何度か店を訪れているが、笑顔・活気のレベルは常に高く、商品の説明も丁寧で、外まで出て挨拶してくれるお見送りの姿もすばらしい。笑顔やチームワーク、一体感が良いのは、青山店長とスタッフとのコミュニケーション量が多く、意思の疎通が図れているからだ。

〈備長扇屋＋麺屋はなび　二毛作成功の要因〉

① 扇屋でランチ営業するため、麺屋はなびを選択
② １０００万円の低投資で改装、月商４５０万円
③ 卓越した商品力と、元気＆笑顔の接客力

１店舗で２店舗営業できる二毛作（セパレートタイプ）は、今後も増え続けることが予想される新しいフォーマットである。

6
弁当を売りまくり、コロナ禍でも売上前年比１１７％！

肉汁餃子のダンダダン
千歳烏山店

肉汁餃子のダンダダンは、株式会社ＮＡＴＴＹ　ＳＷＡＮＫＹ（井石裕二代表）が経営する餃子居酒屋チェーン。現在、95店舗（直営73店、ＦＣ22店）を展開中だ。看板メニュー「肉汁焼餃子４６０円」の商品シェアは14％である。

新型コロナウィルスの流行で、他の居酒屋チェーンの例に漏れず、肉汁餃子のダンダダンも厳しい状況に陥った。そんな中、前年より売上を伸ばして気勢を上げている店舗がある。弁当を売りまくって前年比１１７％を達成した頼もしい店とは、千歳烏山店のこ

とだ。

コロナの影響に危機感を抱いた井石社長は、全店に対して弁当販売とデリバリー強化の指示を出した。もともと業績が良いとは言えなかった千歳烏山店（岩本知大店長）の2020年3月の売上は82％で、4月は47％と大きく落ち込んだ。だがその後は5月71％、6月75％、7月94％（利益率社内ナンバー1）と伸びていき、8月には117％（月商850万円）となった。社内全店の平均が40～70％の推移に留まっているのに対し、すばらしい伸長ぶりだ。その岩本店長の奮闘を紹介する。

売上前年比47％から117％までの3要因

1　弁当販売、1日40食（月間120万円）

弁当は5種類ある。「肉汁焼餃子弁当650円」「自家製炙りチャーシュー弁当650円」「油淋鶏弁当650円」「麻婆豆腐弁当650円」「肉汁焼餃子・自家製炙りチャーシュー弁当700円」。最初は1日10食程度だったが、弁当の大看板を掲示し、呼び込みを強化したことで、20食、30食、40食と徐々に増えていった。58食販売した日もある。

弁当に加え、単品メニューや焼餃子などが併せて注文されるため、弁当販売の平均的な客単価は1000円になる。40食×1000円×30日＝120万円という数字は、5月・6月のトータルの売上に大きく貢献した。

またテイクアウト用冷凍餃子の売上シェアは9・3％。これも全店平均の4・5％と比べてかなり高い。

2 デリバリー1日4万円（8月は140万円）

7月と8月の売上を高めた最も大きな要因は、デリバリーである。ウーバーイーツ、出前館、menu（メニュー）の3社のデリバリーサービスを活用し、1日平均4万円を売り上げた。デリバリーの客単価は2000〜2500円で、多い日は30件で8万円ほどの売上にもなる。8月のデリバリー売上合計は140万円に上った。

デリバリーや弁当販売でダンダダンを初めて利用して餃子のおいしさを知ったことで、来店して飲食する新しいお客様が増えたのも、売上を伸ばす要因となった。

3 チームワークと一体感

客足が一気に遠のいたのは2020年3月後半からだった。そして4月の売上前年比は

40％台に。アルバイトスタッフに働いてもらう余裕がなくなり、ついに社員だけで営業することになった。しかしアルバイトスタッフたちは、働けない状況が続く中でも弁当や餃子を買いに来てくれたし、差し入れまでして応援してくれた。

ある日、女性アルバイトの１人が食事をしに来店した。彼女がレシートに「今日もおいしくいただきました。ありがとうございます。頑張ってください」と書いていたのを見て、店長は彼らのためにも頑張らねばと発奮したそうだ。この店の従業員同士の信頼関係はかくも強固なのだ。この信頼関係が、ピンチを乗り越える強い原動力になる。

５月から売上が70％台に戻り、スタッフも少しずつシフトに入れるようになった。面談と店舗ミーティングを通して経営理念の確認や活気・笑顔・声出しの徹底を行い、個人目標や店舗目標をみんなで決めて、一丸となって営業状態の立て直しを図った。その結果、８月の目標６８０万円に対し、８５０万円（前年比１１７％）を打ち立てたのである。厳しい状況下にもかかわらず、明るくハキハキした声、気持ちのこもった接客、活気など、すべてがすばらしいと、社内でも最大級の評価を受けた。

店長が変わり、スタッフも変わった（インサイド・アウト）

実はコロナ禍に見舞われる少し前まで、千歳烏山店は決して順調とは言えなかった。前年の10月から12月にかけて売上が不振。全店の平均売上前年比が１００％越えだというのに、この店は90％台で低迷していたのだ。店全体の空気が悪かった時期もあり、井石社長はその状態に喝を入れるべく、店長を呼び出してスタッフ教育を見直させた。

店長はリーダーという立場について改めて考え、学び直しはじめた。そんな時、野村克也氏の本を読んで次のような言葉に出会った。「結果が出ない選手ほど、変わることを怖がる」「組織はリーダーの力量以上には伸びない」

自分が変わらなければスタッフも変わらないことを痛感し、店長自ら変わろうと奮闘努力した。スタッフの長所は褒め、短所は叱り、ＱＳＣの徹底を図って活気あふれる店づくりに努めた。こうして、前年とは全く違う店になっていったのである。

インサイド・アウトという考え方がある。自分が変わらなければ周りは変わらない。ならば率先して自分が変わるべし。過酷な状況でも、自分ができることからやっていく。そのような店長の前向きな行動がスタッフにも影響を与え、みんなが変わっていき、良い結果を生んでいく。これがインサイド・アウトのプロセスだ。この店ではこれが実践され、利益率ナンバー１、売上伸び率ナンバー１へと導いたのだ。こういった内側からの変化が、コロナ禍のような事態においても好転への糸口となる。

コロナ禍が続く現在も、全店の売上平均が85〜90％であるのに対し、千歳烏山店は１００％前後を推移している。

〈売上伸び率ナンバー1の要因〉

① コロナ禍では弁当が売れると判断して、積極的に販売

② 弁当販売とデリバリーで、餃子のおいしさを知ったお客様が来店

③ 自分が変わらなければスタッフも変わらないと学んで実践

インサイド・アウト！　自分が変わらなければ周りは変わらないのだ！

7 かに弁当テイクアウトで成功 コロナ禍でも売上前年比100％越え

かに料理　岡崎甲羅本店

かに料理岡崎甲羅本店は、株式会社甲羅（鈴木雅貴代表）が経営する、かに料理専門店である。甲羅グループの中では小型店で、決して立地が良いとは言えず、オープン当初は月商900万円の赤字店だったという。だが11年連続で売上を伸ばし続け（毎年最高売上を更新）、コロナ禍の現在にあっても平均月商1600万円（売上前年比100％）を維持している。

この店を率いる富崎良治店長は、かつて雑誌の取材を通じて私がその手腕を知ることとなった実力店長だ。連続売上伸長の快進撃を続ける立役者でもある。このコロナ禍で全店の平均売上前年比

が80％に留まっているのに対し、甲羅岡崎本店は１００％前後で推移させている。

この驚くべき業績の要因である地域密着の営業活動と、「かに弁当」のデリバリー・テイクアウトで売上社内ナンバー１へと導いた経緯を紹介する。

攻めの営業で顧客獲得

岡崎は寺社の多い土地柄から、法事の需要が高い。またトヨタ関連企業が多数あり、特に大手企業では外国人のお客様を和食でもてなす機会が多い。このため岡崎甲羅本店では外販活動を欠かさず行っている。

富崎店長は、毎日全テーブルを回ってご挨拶することを心掛けており、1日に5～10組ほどのお客様と名刺交換をしている。毎月２００枚で、年間２０００枚以上にも上る。これをもとに会社訪問し、営業活動をしているのだ。名刺交換したお客様に関する「営業ノート」は実に20冊に及ぶ。これが11年連続売上伸長を支えてきた主要因の1つとなっている。

20回以上来店のゴールド会員１０００人

甲羅では、誕生祝いや結婚記念日、長寿祝いなど様々なハレの日の宴を用意しており、利用するお客様がとても多い。特にお子様の成長を祝う「お食い初め」「一升餅」「七五三」などは、スタッフが儀式を行うためお客様との会話が増え、親しみを感じたお客様がこれを機に常連客になったりもする。

甲羅には通常の会員（登録制）からランクアップした「ゴールド会員」のお客様が1000人以上いる。岡崎店では20回以上来店することでゴールド会員になることができ、ウェルカムドリンクが1グループにつき5杯無料などの特典が付く。

この店はアフタードリンクのおすすめ成功率も社内トップクラス。スタッフのコミュニケーション能力と徹底力の高さは、店長による教育の賜物である。

日頃からのこういった地道できめ細やかな活動や姿勢が、今回のコロナ禍に見舞われても巻き返せる強い体力をつくってきたと言える。

売上前年比は104％に！（2020年3月）

岡崎甲羅本店は、コロナ禍の3月にあっても売上前年比104％（1750万円）を達成した。

岡崎市で開設を目前に控えていた医療センターが、新型コロナウィルス感染の確認された豪華客船の乗客たちを受け入れた2月半ばから、岡崎店では宴会のキャンセルが相次いだ。3月だけで３００万円以上、2月を含めると４３０万円に上る損失である。

こんな時こそ、名刺交換や営業ノート作成をしながらコツコツと積み重ねてきたお客様との貴重な繋がりが強い味方となる。店長は常連客の中でも特に親しいロイヤルカスタマーを訪問し、来店をお願いした。その結果、30社に及ぶ企業及び20近くに上るお寺や神社の多くにご予約いただくことができたのだ。このように店長が攻めの営業に専念できるのは、女将やスタッフに店を任せられる体制が確立しているからである。

岡崎店では他にも次のような対策を考え、実践した。

１　ＤＭ８００通発送

上顧客８００人に「かに会席４０００円お値打ちコース」のＤＭを発送。小グループの予約を数多く獲得することができた。

２　ご自宅でお祝いキャンペーン

3月限定企画として、岡崎店オリジナルの「家族でお祝いキャンペーン」チラシを作成し、お食い初め、一升餅、お宮参りの利用実績があるお客様を対象にDMを発送。地域情報誌への掲載も実施した。持ち帰り限定のファミリーセットで、価格は6300円（3〜4人前）。130セット販売し、88万円を売り上げた。

3　かに弁当デリバリー

コロナショックで外食を控える人が増えたことから、かに弁当（2000〜3000円）のデリバリーを実施。前述の企業訪問時に宅配弁当のご案内をしたところ、親しい会社の営業所長や支社長らが「甲羅の店長に弁当を発注せよ」と、部下社員たちを促してくれたという。宴会時の送迎サービス（最後に残った幹事3人をご自宅までお送りした）に感動したことをきっかけにこの店のファンになり、弁当を注文してくれた企業もある。弁当デリバリーは314個を販売、80万円の売上となった。

以上の対策で3月のキャンセル分300万円を取り戻し、1750万円（前年比104％）の売上を達成したのである。

テイクアウトの売上663万円（2020年5月）

4月は緊急事態宣言（外出自粛要請）によって売上を落としたものの、5月はテイクアウト（かに弁当・オードブル）の売上だけで663万円（売上シェア57％）を達成した。厳しいコロナ禍にありながら、全体の売上は前年の95％と善戦した。

だが5月と6月の事前予約はゼロの状態。店長はコロナ渦中では法事や宴会の需要は戻らないと判断し、テイクアウト販売に力を入れることにした。特にゴールデンウィークと母の日のテイクアウトに集中して臨んだ。

オードブル（3～4人前 5000～8000円）とかに弁当（2000～3000円）のチラシのポスティングを店長と社員で4月から週3～4回実施し、第1次商圏の4000軒に配布した。また、企業、学校関係、保険会社のオンライン会議、寺社などに営業をかけて、かに弁当を購入していただいた。

テイクアウトのオペレーションも、以下のように改善した。

①　事前入金の推奨…少しでも提供を早くするため

② 調理場のレイアウト変更…テイクアウト中心の配置
③ 受け渡しの時間調整…14～17時に誘導

土日は100個以上、30万円ものテイクアウト販売になる。イートインの営業をしながらなので、かなり忙しい。異動してきたばかりの料理長は、岡崎店のテイクアウトの多さと多忙さに驚いたという。また、テイクアウトはパート・アルバイトの雇用を守る手段としても役立った。テイクアウト件数が多すぎたことから当初は受注ミスや食材不足も出て、店長や女将がフォローのため奔走したこともある。

7月は土用の丑の日に予約注文が集中。「かに・鰻弁当」のテイクアウト販売体制を強化して臨み、この年も甲羅全店中のうち直営店1位となる382食を販売した（4年連続1位をキープ）。

コロナ第2波に見舞われた8月は、お盆のキャンセルが続出した。企業の宴会もゼロ。しかし、神社・寺院などへの営業（法事弁当のおすすめ）を繰り返し、やはり売上前年比103％を達成した。ご住職が「甲羅さんのお弁当いかがですか？」と檀家さんにすすめてくれるのだ。

9月は少し売上を落としたが、10月は119％、11月は102％と、コロナ禍が続く中を順調に推移。甲羅直営店の4～12月の売上前年比が80％前後であるのに対し、岡崎店は１００％前後を維持し続けているのだ。

〈コロナ禍でも売上前年比１００％の３つの要因〉

①　好調の時でも、地域の企業・神社・寺院への営業努力（名刺交換、毎月２００枚）

②　コロナ禍では宴会・法事の需要はないと考え、かに弁当のテイクアウト・デリバリーに全力を投入

③　２～３ヵ月先の行事を見据えつつ、今月やるべきことは何かを考え、常に次の一手を打ち続けている

11年連続売上更新の実力店長には、学ぶべきことが多い。

8 クラウドファンディングで406万円調達し、売上伸長！

株式会社 DressCircle

株式会社 DressCircle（雨宮春仁代表）は、東京都府中・調布・吉祥寺を中心に、日本酒バル、餃子バル、ワインバルを7店舗展開する企業である。コロナ禍に見舞われるまでは好調を保っていたが、緊急事態宣言の出された2020年3月以降、売上は急速に落ち込み、倒産を覚悟した。

この危機的状況から会社を救ったのは、チケット購入型のクラウドファンディングである。救いになったのは、調達できた約400万円という額面通りの金額だけではない。このお金はそのおよそ3倍となる1200万円もの価値を持ち、DressCircle（ドレスサークル）を支援してくれたのだ。

崖っぷち状況を打開したクラウドファンディングの成功例を紹介する。

1号店の苦労を乗り越えて

雨宮社長は大学時代に飲食店でアルバイトし、その後、大手飲食チェーンで6年間修行して料理技術を学び、30歳で独立した。1号店は大苦戦。府中で日本酒バルを開店したものの、月商150万円で大幅な赤字だった。ある先輩飲食店経営者からは、「お前の店はおいしいけれど、つまらない」と言われたそうだ。

アドバイスを真摯に受け止め、必死に改善すべくメニューを変更し、「ぐるなび」とも契約して、月商400万円にまで伸長させた。その後、ワインバル、餃子バル、肉とチーズバルを出店していった。軌道に乗ったのである。

緊急事態宣言（ステイホーム）で倒産を覚悟

2020年3月までは売上好調。前年の数字はクリアしていた。しかし新型コロナ対策として外出等の自粛要請が行われたことで、3月後半から4月にかけて1600人のキャンセルが出た。客単価3800円なので、600万円の売上が消えたことになる。

東京都などが提唱した「ステイホーム」キャンペーンの影響は大きかった。4月は休業もあって93％売上ダウン。5月も休業が続き、売上はゼロ。ついに倒産したと思ったそうだ。同社の中で一番の大型店で家賃も高かった調布日本酒バルを、断腸の想いで閉店した。税理士からは「メインバンクから借入れして、とにかく生き残ってください」と連絡が入った。多額の借入れとなったが、これをしなければ確実に倒産していたという。正社員15人、パート・アルバイト70人の雇用を維持するため、雇用調整助成金も申請した。

クラウドファンディングで406万円調達

休業中、店を再オープンした時のために、クラウドファンディングでチケット（金券）を販売した。1000円で1100円分利用できるドレスサークルのオリジナル金券で、2021年3月まで有効とした。会社を存続させようと、必死になって支援を募ったのだ。

クラウドファンディングを活用したことがない人のために、簡単に説明しておこう。クラウドファンディングサイトで新規プロジェクトを立ち上げ、不特定多数の支援者たちから資金を集める仕組みのことだ。クラウドファンディングサービスの運営企業は多数ある。プロジェクトの作成から公開、運営管理、効果アップのアドバイスなど、各種サポートをしてもらえる。手数料は5～20％と、サイトによって幅がある。

目標額の１５０万円は、なんと2日で達成した。追加でお願いし、約2ヵ月で４０６万円を調達することができた。ＬＩＮＥ＠（ラインアット）会員の協力が大きかったのだが、雨宮社長のためならと、友人・知人たちも10万円を超える金額のチケットを買ってくれた。使い切るのは困難と言えるほどの額である。

クラウドファンディングの効果は1200万円！

クラウドファンディングの回収は、4ヵ月経過した現在１５０万円。来店すれば1万円ぐらい使う人が少なくない。このため３０００円の金券1枚でも約3倍の効果がある。３月末までに、４０６万円×３＝１２００万円、売上を底上げしていくのだ。

学生時代にアルバイトをしてくれたスタッフたちが地方に帰り、社会人となっている。彼らがドレスサークルのクラウドファンディングに気付き、「これを持って食べに行ける日を楽しみにしています」と、メッセージを添えて応援してくれたそうだ。沖縄など、遠方のため実際には来られない人も多い。金券を使うつもりではなく、純粋にドレスサークルを応援したくて購入しているのだ。

このクラウドファンディングでは、チケットを買ってくれた人に称号を与えている。海賊王10万円以上、救世主5万円、大富豪1万円、スーパーヒーロー5000円、貴族3000円、勇者1000円。最も多かったのはスーパーヒーローと大富豪だが、海賊王が8人もいたという。大勢の人たちに助けてもらえたことを忘れないための、すばらしい称号である。

〈クラウドファンディング成功のポイント〉

①　早期（2020年4月下旬）にクラウドファンディング立ち上げ

②　チケット購入者に称号

③　チケット販売は約400万円だが、売上で1200万円の効果

この店を応援したいという気持ちがあってこそのクラウドファンディング。そんな支援の輪の広がりに応えつつ、1歩ずつ進んでいくドレスサークルである。

9　ステーキ丼のデリバリー（ウーバーイーツ）で売上前年比200％

ステーキライスの店センタービーフ　横浜関内本店

ステーキライスの店センタービーフ横浜関内本店は、洋風ステーキ丼の専門店である。8坪10席の店でありながら、デリバリーの売上が260万円、店内が200万円、テイクアウトが40万円で月商は500万円、坪売上は62万円に上る超繁盛店だ。

ウーバーイーツ（Uber Eats）ではデリバリー売上が50万円以上なら上位クラスと言われる。コロナ禍で260万円というのは驚異的と言ってもいいだろう。しかも低投資で独立でき、ローコスト経営が可能だ。少ないリスクで一定以上の収益が望める飲食ビジネスについて、このステーキライスの店センタービーフから学んでいただきたい。

センタービーフを経営するのは株式会社Ring Bell。鹿野和敏社長は物語コーポレーションの出身で、私は当時からお付き合いがある。2019年2月に40歳で独立し、横浜関内にステーキライスの店センタービーフをオープンした。

横浜は洋食マーケットが大きいことから、洋風ステーキ丼業態を選んだ。初めての出店なので、8坪でカウンター10席だけのコンパクトな店にした。家賃は20万円。900万円の改装費は全額借り入れた。内装費を減らすため、壁紙の張り替えなどは自分でやった。開店前は不安でいっぱいだった。奥様からは、1年間やってみて生活費を得られないようだったら廃業してほしいと言われたそうだ。

オープンした月の月商は240万円。見事に黒字である。私はオープン2日目に伺ったのだが、奥様が1歳の子供をおんぶして、通行人に「よろしくお願いします」と言いながら一生懸命チラシを配っている姿に胸を打たれた。そう思ったのは私だけではないようだ。横浜関内は家族経営の小売店が多く、夫婦で商売をやることの大変さが分かるせいだろうか、鹿野社長は何人もの人から「彼女はあなたの奥さんですか？　あの人の姿を見て来ました」と言われたそうだ。やはり飲食店の原点はパパママ・ストアなのだ。

現在は店長やアルバイトスタッフらと共に店を運営するまでになったが、経費を切り詰めるため、ご飯にキャベツの芯を細かく切って加え、使用後のトマト缶に付着したソースを入れて煮込んだ「ファイト飯」（雑炊）を賄い料理にして、みんなで食べて凌いだ時期もあるという。

ウーバーイーツ（宅配）の売上が52％（260万円）

看板メニューはビーフステーキライス。Sサイズ980円、M1290円、L1590円。この3品で70％を占める、圧倒的な看板商品だ。選べるトッピングのベスト3は、マッシュポテト、生たまご、ちょいカレー。ランチとディナーは5：5の割合で、客層は学生、ビジネスマン、高齢者と幅広く、女性1人のお客様も多い。「吉野家に1人で入るのは勇気がいるけれど、センタービーフなら1人でも大丈夫」という若い女性の声も聞く。

店が小さいので売上向上を図ってテイクアウトも行ったが、オープンして4ヵ月後の6月から販路拡大のためウーバーイーツでの宅配をスタートしたところ、いきなり1週間で30万円を売り上げた。ウーバーイーツの担当者から「準備は大丈夫でしたか？　横浜関内ではマクドナルドに次いで2番目の売上ですよ」という連絡が入った。

その後、ウーバーイーツの売上は月を追うごとに上昇し、2020年1月には月100万円を超え、5月にはついに260万円に！　この時期に宅配の売上が急上昇したのは、もちろんコロナ禍が影響している。このためテイクアウト容器が不足し、鹿野社長が包材を買いに奔走したこともあった。

現在の売上比率は、店内飲食40％、テイクアウト8％、宅配52％だ。オープン当時240万円だった月商は2倍の500万円に増えた。

ウーバーイーツの売上を伸ばした3つの要因

ウーバーイーツで高い売上を維持している要因は3つある。

1　「Eats 厳選」認定バッジの付与

ウーバーイーツでは、顧客評価の高い店に「Eats 厳選」という認定バッジを付与している。これによってセンタービーフの商品力が上がるのだ。このバッジが付与されると、売上が6％上がるというデータもある。もちろん、ウェブサイトトップ画面の写真・デザインを工夫したり、容器にサンキュー♡マークや「〇〇様、いつもありがとうございます」

といったメッセージを記入したりと、評価が上がる努力もしている。

2　商品と価格帯がウーバーイーツの客層にピッタリ

横浜はアッパーな客層が多い土地柄で、おいしいものを食べたいという需要がある。ウーバーイーツの担当者も、ステーキ丼（商品）と価格帯がウーバーイーツの客層に合っているという。この店では１品４９８０円もする黒毛和牛ステーキ丼の注文もあるのだ。

3　ウーバーイーツの配達員を大切にする（配達員がウェイティングする店）

ウーバーイーツの配達員は、半径３㎞の自分のエリアを自転車などで走る。この店の店頭には、「ウーバーイーツの配達員さん、給水所はこちら！」と書かれたポスターが貼ってあり、店長やスタッフは、配達員さんに「トイレは大丈夫ですか？」「お水どうぞ！」と声を掛ける。そして「よろしくお願いします！」と、大きな声で送り出す。この気持ちのいい待遇が配達員さん自身のサービス力向上にも繋がると、鹿野社長は考えている。

彼らが店内で食事をすることもしばしばで、そういう時に受注が入ると、配達員の多くは「僕が持っていきます」と積極的に言ってくれる。彼らが嫌うのは待ち時間だ。待ち時間が少ないほどたくさん仕事ができるからだ。この店では、ピークタイムに配達員が4～5人ウェイティングすることもある。新人配達員が苛立っていると、この店のファンでもある先輩配達員が「人気店だからね。まぁ待ちなよ」となだめたりする。時には「あの子の分を先に作ってあげてください」と言うベテランもいる。配達員に「待ってろ！」と高飛車に言う店も多いらしいが、この店は配達員を大切にするので配達員満足度が高いのだ。

客層に合わせてカスタマイズ

センタービーフは、ステーキがおいしい、接客が丁寧と、お客様からの評価が高い店だが、それは客層に合わせたきめ細かいサービスをしているからだ。例えば、高齢のご夫婦なら肉を薄く切る、軟らかい部位を使う、しっかり火を通す。20～30代のお客様なら肉は厚めで歯ごたえのあるものを提供。女性グループならのんびりおしゃべりを楽しんでいただくため提供時間をゆっくりめに。カップル客の女性にはサラダや肉を小さめにカットして美しく食べられるように…等々、それぞれのお客様にぴったりの配慮をしているのだ。

女性がメガサイズを注文したら、何も言われなくてもライスを多めにする。店長はスタッフに「〝大盛り〟は感覚で察しなさい」と指導している。カウンターサービスの店だからこそ、チェーン店ではなかなかできないこのようなカスタマイズが徹底できるのだ。

近頃、独立希望のあるスタッフからキッチンカーをやらせてほしいと言われたり、お客様からFC希望の話が出たりするようになった。

鹿野社長はこの業界の若い人たちに、スモールストアでの独立は敷居が低いこと、ローコストで独立の夢が叶うことをもっとアピールしたいと思っている。センタービーフも、販促費をかけていないのに2年目には借入れがゼロになったのだ。

ステーキライス店センタービーフは、将来チェーン化できる優れたフォーマットを確立している。若い人でも、大きな蓄えやノウハウがなくても、またコロナ禍のような厳しい状況下でも挑戦できる新たなビジネスモデルとして着目したい。

〈センタービーフのウーバーイーツ成功の要因〉

① 横浜関内は洋食マーケットが大きいため、ステーキ丼の専門店に絞った

② 8坪10席のコンパクトな店づくりで、ローコスト経営に徹した

③ ウーバーイーツの配達員を大切にしている

これから独立したい若者にとって、大いに参考になる店である。

10 高級和牛焼肉店、新業態の焼肉定食専門店で成功

株式会社うる虎ダイニング

うる虎ダイニング（片瀬真一代表）は、都内に9店舗を展開する高級和牛焼肉店。郊外の焼肉店はコロナ禍による影響は比較的少なかったが、都心の駅前に立地する店や接待中心の高級焼肉店への影響は大きく、売上がかなり落ち込んだ。

特に赤坂の「肉兵衛」は多大なダメージを受けた。中国のSNS「大衆点評」の2019年度アワードを受賞したおかげで、売上の8割をインバウンドで占めていたことや、国内企業のリモートワークが増えて接待が減少したことなどから、2020年4月・5月の売上は90%もダウンした。

先行きに強い危機感を覚えた片瀬社長は、思い切っ

て業態の見直しを図った。新業態の「焼肉定食キンニクヤ」を11月にオープンさせ、20坪で月商1000万円（坪売上50万円）の繁盛店を作り、成功させたのだ。客単価8000円の高級焼肉店が、コロナ禍を機に客単価1500円の定食屋へと大きく舵を切り、成功した事例を紹介する。

債務超過への危機感

うる虎ダイニングのコンセプトは「お客様のハレの日のために」。本物を味わっていただきたいとの想いから、「和牛一頭流」にこだわっている。松阪牛や神戸牛も提供し、一頭舟盛りや日本橋盛りは圧倒的なインパクトがあり、接待での常連客が多い。

客単価が5000円の店から12000円の高級店まで幅広いが、新型コロナの影響で大きく落ち込んだのは、肉兵衛 赤坂本店、舌賛GEMS（旧うる虎）大門店、肉萬 浜松町店といった、オフィスや繁華街の多い都心部の店だ。6～12月の売上前年比は50～60％だった。

金肉屋 三軒茶屋店やじゅう兵衛 五反田店のように、住宅エリアの駅周辺に立地する店舗はファミリーの利用が多く、それほど影響を受けていない。

大手町店（舌賛）が売上前年比80％程度と落ち込みが低いのは、天井高が高く空間が広々として換気がしっかり行われているイメージが強いからだ。焼肉店はコロナ禍においても全般的に、空調設備が完備していて安心感があるためか、安定した営業を続けている傾向がある。さらにこの店では、ランチメニュー（1250円）にスープビュッフェとカレーの食べ放題を新たに導入し、好評を得た。12月にはカップル客が増えた。これは丸の内のライトアップの影響である。

とはいえ店舗全体の売上平均は前年の50～60％しかなく、売上予測が不可能な日も多いため松阪牛や神戸牛のロスも大幅に出る。片瀬社長は、こんな状況がさらに1年も続いたらと考えると、債務超過への危機感は募る一方だった。

新業態開発までの想い

社員の雇用は守り、長く勤めているアルバイトの給与も保証しながら、赤字幅をいかに減らすか。日々集中してそれを考えた。

学生アルバイトはかなり減った。都心や店内の密を避けるために休む人や、辞める人が増えたのだ。授業がリモートになって来られなくなった人、そして地方に帰った人もいる。人材確保のため、アルバイトではなく社員を募集したところ、コロナ禍で閉店やリストラの憂き目にあった人が多く、6人が入社した。

人材が充実したことに加え、多額の銀行借入れができたため、これはチャンスなのだとポジティブに捉えて、新業態を開発することにした。積極的に新しいことに取り組むのは、成功する経営者に共通する姿勢である。接待需要の多い高級焼肉業態だけをこのまま続けても、何も進まない。守りに入ったら企業は衰退してしまう。資金のあるうちに出店を決断して一歩前進すべし。そう考えたのだ。

実は片瀬社長には、コロナ禍の前から思っていたことがある。高級焼肉店であるうる虎ダイニングの各店に来店するお客様は、お酒は飲むがご飯はほとんど注文しない。高級店での接待の場で「ご飯ください」と言うのは体裁が悪いのだろうか、多くの方がご飯を控えているように見受けられる。「おいしいご飯と一緒に焼肉を召し上がっていただきたい」…片瀬社長は強くそう思った。これが、新業態開発のきっかけである。

焼肉定食「キンニクヤ」の成功（坪売上50万円）

ご飯と一緒に食べるなら、大衆的な焼肉定食がいいと思った。そこで目を止めたのが、1人焼肉で店舗数を伸ばしている「焼肉ライク」である。みんなと一緒に食事をするのは難しい現在の状況にも対応できるし、コロナ禍でなくても。自分のペースと焼き方で好きに食べられる1人焼肉のニーズは今後もあるだろう。

そこで1人焼肉の進化形として、うる虎ダイニングの強みであるグレードの高い肉やメニューを活かした、ちょっぴり豪華な焼肉定食で勝負することにした。コンセプトは「ちょっと晴れの日・自分へのご褒美・心おどる・リーズナブルな焼肉」。A5和牛のメニューや舟盛り小サイズも導入した。黒毛×アンガス牛を使用した低価格のメニューも用意。価格は、本格的な手切りの焼肉が690円から（焼肉ライクより少し高めに設定）。お客様との非接触を考え、モバイルオーダーとセルフレジも設置した。

渋谷南口に牛丼チェーンの撤退物件（20坪）が出たため、女性客も意識したデザインで改装し、2020年11月29日にオープンした。売上は初日から30～35万円で推移している。月商1000万円の繁盛店（坪単価50万円）が誕生したのだ。

ＳＮＳの口コミ情報でも、「渋谷に面白そうな焼肉店がオープンした」と評判は上々。『Ａ５和牛や熟成アンガス牛を思う存分独り占め』の看板を見て吸い込まれるように入店した人が多いようだ。肉がおいしいのはもちろん、定食の名の通り、ライスやキムチ、スープが付くことが嬉しいお客様が多いことを実感。

店内の感染リスク対策への評価も高い。全席パーテーションで仕切られた個人ブース、注文はスマホによるモバイルオーダーで、スタッフとの接触が最小限に抑えられている。客層は老若男女と幅広いが、女性客が６割と多い。年齢層は10代から80代。おばあちゃんが１人で来店することもある。みんな焼肉が食べたいのだ。

競合店は焼肉ライクではなく、カレーチェーンや牛丼チェーンや「牛たんねぎし」だと片瀬社長は語る。オンリーワンの手切りにこだわった焼肉定食専門店。このペースならば投資回収は２年。次の出店が２０２１年４月に田町にて決まった。コロナ禍を見据えながら、しばらくは焼肉定食で出店していく。ご馳走感がある磨き込まれた焼肉定食は、今後も注目される業態である。

〈新業態　焼肉定食キンニクヤ　成功要因〉

①　借入れ資金と人の充足をポジティブに考えた
②　高級焼肉店が１５００円の焼肉定食屋にチャレンジ
③　差別化された進化系のコロナ対応店で、他店と差別化

コロナ禍における新しい大衆焼肉専門店の成功事例である。

11

2度の倒産寸前からV字回復

株式会社 Globridge

株式会社 Globridge は、飲食店の直営や飲食店支援、フランチャイズなどの事業を手掛ける企業だが、コロナ禍で倒産寸前となった。実は、倒産の危機は初めてではない。1度目はもつ鍋ブームで急速出店して債務超過に陥り、2度目となる今回は70店舗のうち40店舗を閉店するに至った。だが2回とも危機的状況から急速に回復を遂げている。

今回、大逆転の起爆剤となったのは、オンラインデリバリーに特化した「東京唐揚げ専門店あげたて」のFCである。その軌跡を紹介する。

一度目の危機／債務超過で倒産寸前

Globridgeの代表者である大塚誠社長は、大学卒業後、建設業界で3年、ベンチャーリンクで12年勤務した経緯を持つ。ベンチャーリンクではＳＶ・コンサルティング部長を歴任し、２００８年、部下５人と共に独立した。

開業当初は好調だった。当時のもつ鍋ブームに乗り、創業4年にして直営85店舗（単一業態）というスピード出店を果たし、急成長を遂げた。しかし、もつ鍋ブームが去るや集客は激減し、出店もストップ。みるみるうちにどん底に落ち、債務超過に陥った。

そこで大塚社長が行ったのは、現場責任者に権限を与えて、もつ鍋からの業態転換（焼肉、大衆居酒屋、寿司酒場、バル業態など）を図ったことと、ＳＮＳでのマーケティングを実施したことである。

業態転換において大塚社長が力を入れたのは、飲食店経営の数値管理とスタッフの育成だ。原価率の改善には特に留意させ、原価以上の付加価値を生み出させた。現場は失敗を繰り返しながら、次々と新業態を作り出していった。こうして、倒産寸前から見事にV字回復を果たしたのである。

2度目の危機／コロナ禍で半数以上の店舗閉店

そして2020年、新型コロナウィルスが猛威を振るい、Globridgeのすべての業態（70店舗）に牙を剥いた。居酒屋が中心で、駅前や繁華街など一等地への出店がほとんどだったためだ。大塚社長は断腸の想いで家賃の高い40店の閉店を断行し、半数以下の30店にまで縮小。再び倒産寸前の状態となった。

しかしそんな苦しい状況の中で、2019年11月にスタートしたデリバリーの「東京唐揚げ専門店　あげたて」は成功していた。大塚社長がデリバリーをスタートさせたきっかけは、オーストラリアのフードコートで3店出店していた和風定食屋事業にある。そのフードコートでデリバリーを強化したところ、イートインの月商が400万円だったのに対し、デリバリーは500万円を達成したからだ。

日本でもデリバリーは成功できると確信し、既存の店舗でデリバリーの「東京唐揚げ専門店　あげたて」をスタートさせた。設備投資はゼロ。フライヤーさえあれば唐揚げはできる。新たに必要なものはデリバリー用の包材だけだった。

4月、5月とコロナ禍は深刻化し、外食業界全体が大打撃を被ったが、「あげたて」の売上は向上を続けたため、オンラインデリバリーの加盟店開発を開始した。

「東京唐揚げ専門店 あげたて」スタート１年で152店舗達成

Globridgeでは3事業部の連携により、飲食店支援やFC管理運営を行っている。ネット集客のサポート店舗は１５００店舗。クライアントからコロナ禍での売上対策に関する依頼が増えて、「あげたて」のFCを紹介するようになった。居酒屋を中心に、加盟店舗が急増しているという。

前述したように、加盟店側の設備投資はゼロ。必要なのは包材の仕入れのみ。Globridgeが商品開発、プロモーション、集客を行う。基本的には加盟金もロイヤリティもないが、エリア独占販売権（半径１・５㎞）を買うと、その商圏は守られる。他の店は出店できない仕組みである。

Globridgeには「あげたて」以外にも「どんぶりマニア」「海鮮丼」「ハンバーグ」など13業種のデリバリーがあり、エリア独占販売権1店舗１００万円、2～5店はプラス50万円となっている。１店舗の売上は50万～２５０万円。デリバリーを利用する消費者が多いエリアほど売上は高い。

収益構造は、ウーバーイーツ35％、本部20％、加盟店（委託製造）45％（45％の内訳は、原価・包材約20％、利益25％）となっている。新しいタイプのFCビジネススキームとして、スタートからわずか1年で152店舗を達成した。2019年のフードデリバリーの市場規模は4180億円だが、大塚社長は将来5兆円くらいになると予測している。

1店舗13業種のバーチャルレストラン デリバリー売上が月260万円

Globridgeが直営する「酒蔵居酒屋ゴエモン 方南町店」では、1店舗で13業種のバーチャルレストラン（デリバリー）を実施している。コロナ禍により、方南町店は2020年3月に売上前年比50％まで落ち込んだ。7月に79％に戻したが、8月の第2波で再び58％に低下。しかし、9月には94％まで回復し、10月には137％と躍進した。

これはウーバーイーツを活用したデリバリーのおかげだ。7月140万円、8月100万円、9月220万円、10月260万円とデリバリー実績が伸びたのは、多岐にわたるGlobridgeのバーチャルレストランを活用して営業を展開したからである。

その数は、「あげたて」をはじめ、「どんぶりの どんぶりマニア」「はみ出る海鮮丼豊漁丸」「野菜研究所パワーサラダ」「カレーの まいにちカレー」など13業種に及ぶ。

多彩さに加え、容器にメッセージを入れる、増量や割引サービス、食べ方の説明など、デリバリーのリピート率を上げるため様々な工夫をした。

〈倒産寸前からのＶ字回復要因〉

① 現場責任者に権限を与え、業態転換を成功させた

② デリバリーマーケットの将来性を早く見抜き、ＦＣをスタート

③ １ブランドではなく13業種のバーチャルレストランを展開

倒産の危機を素早く乗り越え、新しい販売チャネルを見つけ出して成功した企業である。

12 シェア型クラウドキッチン「Kitchen BASE」の成功

株式会社SENTOEN代表
山口大介

クラウドキッチンは、飲食のスペースを持たないデリバリー専業のビジネスモデルのこと。近年欧米や中国などで広がりはじめていたが、コロナ禍によりデリバリーマーケットが伸びて、日本でも急速に注目を集めるようになった。配送はウーバーイーツや出前館などのデリバリーサービスに任せ、調理に専念できる。

飲食業は膨大な初期コストがかかるため、非常にリスクが高い産業と言えるが、この業態ならばキッチンのみのスペースで営業でき、さらにはそのキッチンスペースもシェアが可能で、大幅にコスト削減できるのだ。

資金不足で開業が困難だった若い人でも、コロナ禍で閉店を余儀なくされた人でも挑戦しやすいのが、クラウドキッチンという業態である。この項では、日本におけるクラウドキッチンの先駆企業、株式会社SENTOEN（山口大介社長）の試みを紹介する。

日本初のシェア型クラウドキッチン、オープン

山口社長は大学卒業後、ＩＴのアプリ会社や外資系コンサルティング企業での勤務を経て、コミュニティを軸にした仕事がしたいと考え、銭湯の経営権を取得し、独立した。しかし銭湯に対しては、料金設定の制約など独自運営の限界と伸びしろの少なさを感じて撤退。シェアオフィスの道も模索した。しかし最終的には以下の理由から、「デリバリー」に目をつけることとなった。

1　飲食店に特化したコミュニティをつくりたい

2　デリバリー市場が伸びている

そこで、素人3人でサンドイッチ屋のデリバリーを立ち上げた。これが当たった！　日商8万円も売れたのである。素人の商品で成功するなら、飲食のプロがやればもっと売れ

るはずだと考えた。

こうして2018年6月、中目黒で日本初のシェア型クラウドキッチン「Kitchen BASE」(2・5坪、4床)をスタートさせたのだ。

Kitchen BASEでテナントが負担する費用は次の通り。月額が家賃+3%(ロイヤリティ=顧客データの提供やコンサルティングサポート)、初期費用が保証金(家賃2ヵ月分)とセットアップ費用である。「飲食店で独立する際にかかる一般的な費用の10分の1で開業可能です」と山口社長は言う。

そして2020年9月、神楽坂に2号店(21キッチン)をオープン。すぐに満床となった。

初期費用を半年で回収も可能!

テナントのうち2割は飲食ビジネスが初めての個人、6割は飲食店(スモールビジネス)、2割が飲食チェーンの2号店だ。ファストフードのウェンディーズも出店している。コロナ禍で売上が下がったため、新しいチャネルとして出店している企業もある。2・5坪が標準ではあるが、2つのキッチンを借りる人や、1店で2業種を経営するテナントもある。

前述したように、飲食店で独立するにはかなりの費用がかかる。一般的に1000万～2000万円が必要なので、1回失敗すると多額の借金が残る。ある意味、命がけだ。しかしKitchen BASEなら、万が一失敗したとしても痛手が少ない。初期費用は早ければ4ヵ月ほどで回収可能である。

Kitchen BASEは、スモールビジネスでトライできる、良い意味で夢に挑戦できる場所だ。テナントに繁盛してもらうためには、一等立地を提供することが重要。そのためにデリバリー率が高いエリアのデータを持っており、そのエリアに今後出店していくのだ。

2021年3月には、浅草でのオープン（22キッチン）が決定しており、その後、中野（35キッチン）と続く予定。「YouTubeでKitchen BASEの料理ライブを中継するだけで売上が上がる。これからはそんな時代です」と、山口社長。Kitchen BASEのプラットホームが拡大すれば出店数が増えて、将来低投資で数十店の企業になることも可能だ。

2・5坪で月商470万円の「チキンオーバーライス」

直営店の「チキンオーバーライス中目黒店」が、月商470万円だという。その成功の要因を武田玲佳マネージャーに伺った。

チキンオーバーライスの立ち上げは2020年6月。それまでに直営店として10ブランドほど実験し、失敗も経験している。この店の商品は、基本的にズバリ店名通りのチキンオーバーライス1280円。トッピングはたくさんあるが、ほぼこの1品だけで月商470万円である。客単価は1700円。

成功の要因は以下の2点。

1 「NY屋台メシ‼　チキンオーバーライス」というネーミング

ニューヨークではフードトラックの定番となっているチキンオーバーライス。ターメリックライスの上にスパイスの効いたチキンとヨーグルトソースやチリソースを載せた、ニューヨーカーに愛される屋台メシをズバリ表現するネーミングである。

２　ヒーロー写真の高い完成度

デリバリーにおいては、ＳＮＳの最初のメニュー写真が最も重要。お客様は写真で商品を判断するからだ。「ヒーロー写真」と呼ばれ、シズル感があっておいしそうな、完成度の高いビジュアルが求められる。

デリバリーなので客層は男性が多いが、チキンのヘルシーなイメージが女性にも受けている。日常的にトレーニングをしているお客様や、糖質を気にするお客様も多い。オープン後４ヵ月で、リピーターは50％以上だ。２人で運営しているため十分な利益が出る。２人で４５０万円の売上が可能なのだ。

オーダーが入ってから１分以内で提供が基本。ピークにはオーダーが入り続ける。お客様を待たせないよう、いかに速やかに届けるかを常に意識している。

今後、ＦＣ化も検討しているという。

61歳で起業、中華デリバリーの「トミーズキッチン」

中目黒のテナントで成功しているお２人にお話を伺った。

まずは「トミーズキッチン」の富谷宗久さん。現在61歳で、初めての起業である。33年間、中華の料理人として腕を振るい、独立という長年の夢を叶えた。

最初は出張料理人をやりたいと考えたが、新型コロナウィルスの影響で断念した。次に休業になったライブハウスから依頼されて営業を引き受けたが、コロナ禍のこの時期、お客様はライブハウスになど来ない。結局2ヵ月で撤退した。自宅で弁当販売を行ったり、キッチンカーの説明会に行ったりもした。

そんな時、テレビのニュースでKitchen BASEを知ったのだ。これは今の時代にぴったりで面白そうだと思い、出店を決めた。8月にオープンしたものの、最初は厳しかった。しかし10月にウーバーイーツがスタートしてからは、完全に軌道に乗った。

看板メニューは五目チャーハン880円、五目焼きそば、蒸餃子で、客単価は2000円。客層は単身者が多いが、オフィスから大量のオーダーが入る時もある。富谷さんはデリバリーのチャイナクックで働いた経験もあり、お客様の1人から「チャイナクックの味ですね。懐かしい!」というコメントが入った時は嬉しかったという。

注文が2回目、3回目となるリピーターのお客様には、「再度のご注文ありがとうございます。寒くなりましたのでご自愛ください」といったメッセージを欠かさない。まだオープンして3ヵ月なのに、21回オーダーの超常連客もいる。

次は新しいブランド（天津飯シリーズ）も考えている富谷さんである。

女性寿司職人の海鮮丼「海幸」

海幸の岡田美幸さんは、金融業界で働きながら美術系大学（通信制）で学んだ後、寿司職人の道へ入ったという、異色の経歴の持ち主だ。寿司アカデミーに通い、寿司チェーンで修業後、Kitchen BASEを見学してシェアキッチンは面白いと思い、２０２０年7月に独立を果たした。好スタートを切ることができ、その後も順調だ。店名は「醤油をかけない海鮮丼　江戸前　海幸」である。なかなかユニークだ。

看板メニューは、まぐろの海幸宝石箱２８００円、中トロの海幸宝石箱３２００円で、客単価は４０００円で

ある。金・土・日は客単価が高い。女性客の場合、自分へのご褒美も多いそうだ。商圏は中目黒中心で、西麻布や六本木エリアも入るせいかグルメ志向が強く、1500円の注文を週に2~3回注文する常連客もいる。

11月からウーバーイーツの「Eats厳選店舗」バッジが授与されたため、新規客が増えて売上も向上した。ただし評価が下がったら厳選店舗ではなくなるので、維持することが重要となる。

だが失敗もある。海鮮丼にイクラを入れ忘れた可能性があることに、1時間経ってからハッと気付いた。岡田さんはすぐ、イクラが入っていなかったらキャンセル扱いにしていい旨をウーバーイーツに連絡した。入っていたかどうかわからないが、評価は5点だった。正直な店は繁盛するのである。

岡田さんは今後、Kitchen BASEの出店に合わせて海幸を出していきたいと考えている。

〈Kitchen BASE でのデリバリー成功の要因〉

① 店名と看板メニューの分かりやすさ・ネーミングが重要

② ヒーロー写真の完成度・シズル感

③ 常連客への感謝のメッセージ

日本初のシェア型クラウドキッチンで、飲食業での独立のリスクが低くなった。

第2章

危機に強い店に変える方法

～会社・店舗の体質改善、組織改革編～

第2章では、危機に強い会社・強い店に変える方法について解説する。

強い企業・店に共通する大きな点は、経営環境が厳しい時でも、社員やスタッフが経営者と同じ価値観を持ち、同じ数値目標に向かって取り組んでいることだ。

数多くのすばらしい店を見てきたが、そういう店ではたいていアルバイトスタッフが「ミニ経営者」ともいうべきレベルに達しており、店長と共に売上対策やオペレーション改善に取り組んでいた。

危機に強い店に変えるためには、店の体質改善や組織変革が重要である。そのためには、まず経営者や店長が変わらなければならない。

第1章で紹介した甲羅本店や肉汁餃子のダンダダンの店長、Kitchen BASEのテナントで独立したオーナー店長、そして各社のトップは、まず自分自身の視点を改め、新しい手法にチャレンジしたのだ。

インサイド・アウトという考え方

スティーブン・R・コヴィー博士は、著書の『7つの習慣』の中で「インサイド・アウト」という概念について語っている。

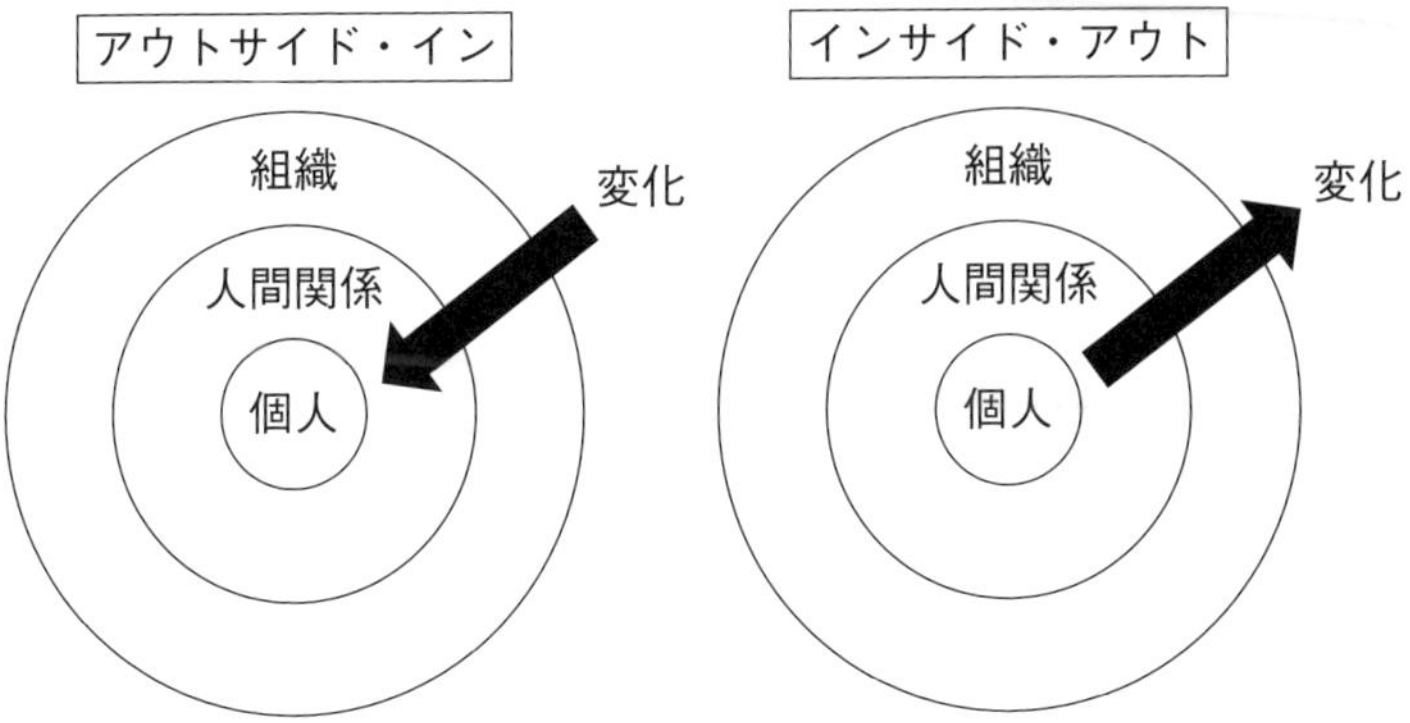

インサイド・アウトとは、何か問題が起きた時、まず自分自身が変わる、自分ができることから始める、自分が率先して動くという考え方だ。どんな過酷な状況でも、自分ができることを考えて行動すれば、状況は好転するのだ。

インサイド・アウトの反対の意味を持つ言葉が「アウトサイド・イン」である。

・業績が上がらないのはコロナ禍で外出する人が減ったからだ。
・商品が売れないのは本部の商品開発のせいだ。
・やる気のないスタッフが多いから店の評価も低い。

あなたはこんなふうに考えていないだろうか。物事がうまく行かないのを、自分以外の誰かや何かのせいにしていないだろうか。

店長セミナーで時々、「スタッフに元気がありません。

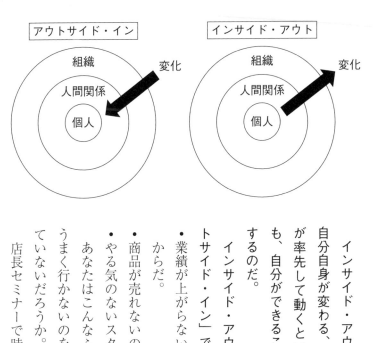

すぐ辞めてしまいます。どうしたらいいですか？」と質問されることがある。そんな時、私は「あなたの店がつまらないからですね。あなた（店長）自身に問題があります」と答えることにしている。

「問題が外にあると考えるのであれば、その考えこそが問題である」と、コヴィー博士は述べている。業績を上げたり状況を変えたりしたいのならば、自ら様々なやり方を考えて実行しなければならない。自分自身が悪い流れを変える人になる必要があるのだ。

人を動かすための3要素

会社や店舗の体質改善、組織改革で最も重要なのは、人を動かすことである。アリストテレスは、「人を説得し行動を変えさせるには、『ロゴス』『エトス』『パトス』の3要素が必要だ」と説いた。

ロゴス（Logic）とは論理。パトス（Passion）とは共感や情熱。エトス（Ethic）とは信頼のことだ。この3つが揃って初めて人は動く。コロナ対策のため、店長が衛生管理の重要性を論理的かつ情熱的に指導したとしても、そもそもその店長とスタッフとの信頼関係が薄かったらスタッフは動かない。経営者や店長は、この3要素をバランス良く身に着

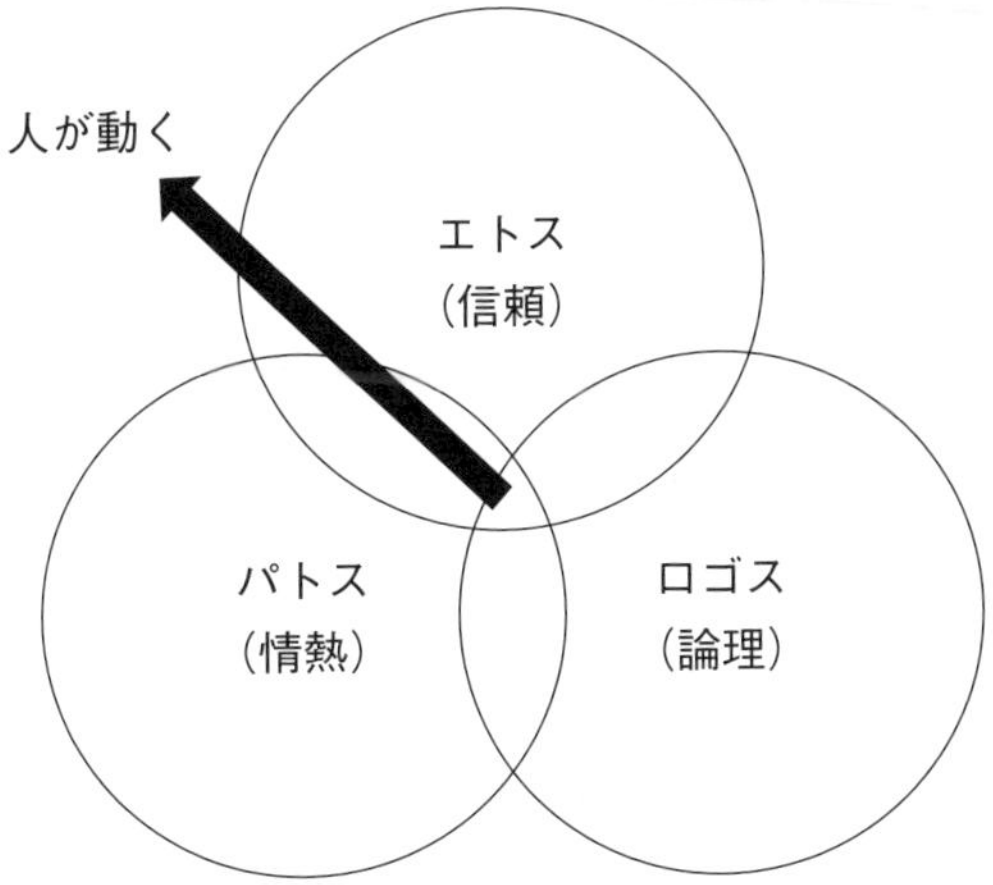

▲図／『日経 MJ』参考

けなければならない。

店長の思うようにスタッフが動かないのを、「何度言っても徹底できない」と嘆く店長は多い。店長セミナーで「どうすれば徹底できるのでしょうか？」と聞かれた時は、この「信頼」「情熱」「論理」の話をする。信頼関係を深める上で大切なのはコミュニケーションである。ポイントはその量だ。スタッフのことを理解し、関心を持ち、愛情を持って接していることを実感してもらうには、たくさん声掛けし、いっぱい触れ合うことが重要。コミュニケーション量を増やすことが基本なのだ。

第2章では、会社・店の変革を目指し、従業員と一体になって危機に立ち向かうためにはどうしたらよいかを解説する。

1 逆ピラミッド型の組織づくり

　逆ピラミッド型組織とは、顧客に最も近いスタッフ（パート・アルバイト）が最上位に、そして社長（トップマネジメント）が最下位に位置する、従業員第1主義の組織のことである（下図右）。この考え方は、米国で「絶対にノーと言わない百貨店」と言われるノードストロームや、ザ・リッツ・カールトンホテルなどによって実践され、米国経済の成長を支えてきた。東京ディズニーリゾートやスターバックスコーヒーも、この組織づくりを行うことで一流のサービス企業へと駆け上ったのだ。

　危機の状態にある時こそ、最上位にいるスタッ

〈逆ピラミッド型の組織〉

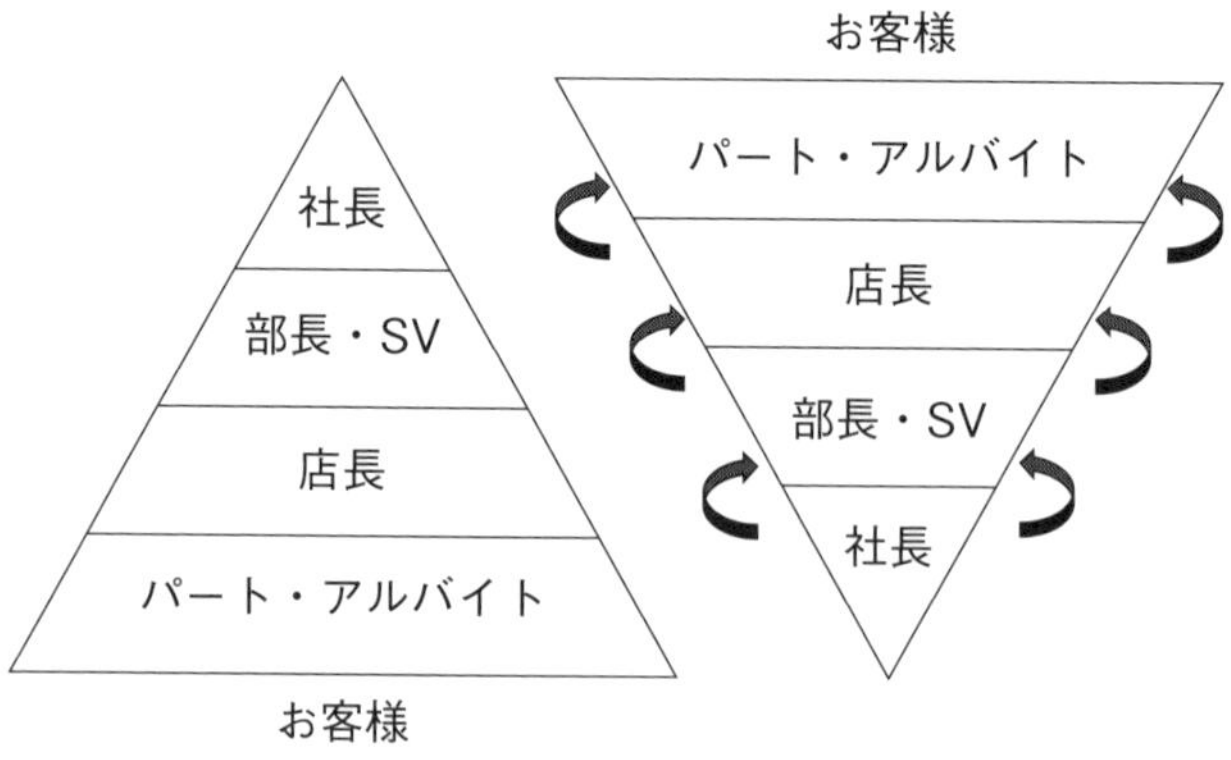

フがとことんお客様のことを考え、ホスピタリティあふれる接客をしなければならない。そのためにトップや幹部は何をすべきだろうか。ここでは逆ピラミッド組織づくりについて解説し、その具体例を紹介する。

ノードストロームの逆ピラミッドの価値観

① リーダーは顧客である
② 顧客を支援する全従業員が重要な存在である
③ 顧客に近い存在ほどその役割は重要になる
④ 官僚的な色彩は一切ない
⑤ マネジメントは支援するための存在である

（『サービスが伝説になる時』ベッツィ・サンダース著、ダイヤモンド社）

逆ピラミッド型の組織図ではお客様が頂点にある。そのお客様に一番近い存在がパート・アルバイトスタッフである。顧客満足度はパート・アルバイトの対応で決まる。つまり、パート・アルバイトが最も重要な存在（企業にとって最も大切な資産）であるということだ。そのスタッフを店長がサポートし、部長・ＳＶが店長を助け、社長が部長・ＳＶを支えているのだ。本社はサポートオフィスである。

スターバックスコーヒーでは、お客様に最高の体験を提供できるようスタッフの行動規範を定めている。その中のOUR VALUES（私たちの価値観）において、「私たちは、パートナー、コーヒー、お客様を中心とし、VALUESを日々体現します」と明記されている。パートナー（スタッフ）自身の高い価値が認められているのだ。

店長がサポートし、スタッフが自主的に活動し、成果があった事例を２つ紹介する。

スタッフが提案した営業時間の変更

あるアジアンビストロの店（超繁盛店）では、スタッフの早番ミーティング、遅番ミーティングが行われている。店長は出席しない。お客様のために何ができるかをスタッフみんなで自主的に考えて、それをリーダーミーティングに提案する。リーダーミーティングは、店長、社員、アルバイトリーダーが店のことを決定するミーティングだ。

この店では、11時オープンと同時に女性客の行列ができてしまう。これを解消するために、オープンを10時30分に変更してはどうかという提案が早番ミーティングから出され、リーダーミーティングで決定されて実行するや、ランチの売上が向上した。

手作りチラシ5000円の経費で74万円の売上アップ！

もう1つは、ある焼肉チェーンの事例。近隣他店の多くはチラシの新聞折り込みを行っているが、この店ではやっておらず、スタッフがデザインした手作りチラシを活用して販売促進をしている。

５００枚ほど作成し、１人10枚ずつ、友人・知人やサークル、親戚などに手配りした。その回収率は54組（客数２３７人）で、売上は74万円にも上った。わずか５０００円の経費でこの効果はすごい。客数誘引率は47％（２３７人÷５００枚）である。スタッフが自ら手作りしているため、チラシ１枚１枚に心がこもっている。だからこそ、お客様を家族のように温かくお迎えできる。

アルバイトのA君は頑張ってたくさん配布し、11組のお客様が来店した。店長からA君に渡された表彰状は、休憩室に掲示されている。

この2店は、店長がスタッフを全面的に信頼して任せたことで、彼らが店のために自主的に動いた好例である。スタッフが最も重要な存在だと考え、自主性を尊重してサポートに徹しているので、主体性のあるスタッフが育っていくのだ。

2 危機に強い店をつくるために、SWOT分析で強み・弱みの発見を！

ＳＷＯＴ分析とは、自店の内部環境や外部環境を分析し、問題解決や今後の対策を検討する手法のこと。自社内で事業戦略やマーケティング戦略を検討する時、またコンサルタントがお店や企業診断を行う際などにしばしば用いる。

ＳＷＯＴは、Strength（強み）、Weakness（弱み）、Opportunity（機会）、Threat（脅威）の頭文字をとったもの。「強み」をもっと磨いて伸ばすことができないか、「弱み」を改善するにはどうするか、「機会」にチャンスを見出せるか、「脅威」にはどう対応するかを考える指標となる。

ＳＷＯＴ分析は、表に示したように「強み」「弱み」「機会」「脅威」の4つのボックスに分かれたマトリックス図を使って行う。決して難しいものではないので、あなたの店でもぜひ実施していただきたい。アフターコロナの時代に向け、変化への対応を求められる経営者・店長にとって、必ず役に立つはずだ。

飲食店でSWOT分析を行う際の項目としては、次のような内容が考えられる。あなたの店の問題点を取り上げていただきたい。

1　QSCオペレーションの評価
2　パート・アルバイトのランクアップ制度
3　客単価の変化
4　客層の変化
5　曜日別・時間帯別売上の変化
6　看板メニューのシェア
7　ファサードの視認性
8　会員数
9　来店客調査
10　SNSの口コミ評価　　　など。

店長と社員とアルバイトリーダーによるミーティング時にSWOT分析を行う場合、まずは目的を明確にすることが重要だ。例えば「売上対策」なのか、「スタッフの定着率アッ

SWOT 分析例

	好影響	悪影響
内部環境	強み ①看板メニュー１位のシェアが15% ②スタッフが元気で活気がある ③高齢者の早い時間の来店増加 ④アルバイトリーダー３人育成 ⑤ＭＳ調査180点以上（６ヵ月） ⑥コロナ対策の衛生管理万全	弱み ①コロナ禍で売上が50%以下 ②アルコール比率が下がった ③女性グループの客層が少ない ④深夜の時間帯売上70%低下 ⑤店舗ファサードが弱い ⑥スタッフの定着率が悪い
外部環境	機会 ①近隣の居酒屋、今月２店閉店 ②新しい高層マンションができた ③商圏内でデリバリー配達員が増えている ④コロナ禍でテイクアウト需要が増加	脅威 ①コロナ以降、居酒屋の将来性が不透明 ②からあげのテイクアウト専門店が近隣にオープンした ③コロナ禍でインバウンドの需要ゼロ

プ」なのか、「顧客満足度の向上」なのか。それを決めておかないと議論が定まらず、分析がまとまらなくなる。

分析の手順としては、まずＳＷＯＴの各要素を１人ひとりが付箋などに書き出すとよい。書き出されたものを分類し、ＳＷＯＴの４つのキーワードごとに貼り付けていくと分かりやすくなる。

上掲の表は、ある居酒屋のＳＷＯＴ分析例である。

この分析結果をもとに売上を上げるには、どのような戦略が考えられるだろうか？

強み×機会×脅威

「強み×機会」「強み×脅威」というクロス分析の手法をプラス。

◎看板メニュー1位のシェア15％という強みを活かして、「機会」にある新しいマンションへのポスティングが考えられないか。
◎看板メニューの弁当のテイクアウトやデリバリーを実施すると効果はどれほどか。
◎早い時間帯に来店する高齢者の増加に対応し、オープン時間を1時間早められないか。また、週末（土日）の昼飲みのニーズが高まる可能性はないか。
◎店舗ファサードに大型の置き看板を設置し、シズル感のある看板メニューベスト3を提示することができないか。
◎近隣居酒屋が2店閉店したことで、アフターコロナはその分だけお客様が増える可能性が高い。QSCオペレーションは安定しているので、ますます磨き込んで対応できるようにする。
※強みを磨き込むことで、圧倒的な一番店になる。それが生き残る最善の手段である。

弱み×機会
×脅威

「弱み×機会」「弱み×脅威」

◎女性グループの顧客が少ないので、女性客に人気の出そうな新メニューを開発できないか。また、女性に好まれるアルコールの種類を増やせないか。

◎効率の悪い深夜の時間帯は、短縮営業するべきか。あるいは、近隣居酒屋2店が閉店しているので、営業時間についてはしばらくの間、様子を見るべきか。

◎スタッフの定着率が悪い原因は何か。1人ひとりと面談し、問題点を発見すべきではないか。

◎からあげ専門店がオープンし、繁盛している。近隣の競合店を視察研究し、売れている店があればベンチマークして、自店でも取り入れられることはないか。

※実際に近隣店舗を調査し、自店の弁当のテイクアウトを強化して成功した店もある。

小さなことの中にも多くのチャンスを発見し、仮説を立て、次の一手を考えて進むべきである。

3 「2：6：2」の法則を「5：3：2」へ

「2：6：2の法則」をご存じだろうか？　どこかで聞いたことがあるという人も多いだろう。一般的な組織の人員構成比を表すもので、組織の中には、意欲的に働く人（人財）が2割、普通に働く人（人在）が6割、あまり働かない人（人罪）が2割いると言われている。

飲食店で言うならば、

2割の優秀なスタッフが店を前向きにリードし、
6割の普通のスタッフが言われる通りに仕事をし、
2割の良くないスタッフが足を引っ張る。

…といった構成比になる。あなたの店の人材比率はいかがだろうか？

危機に強い店に変えるには、多くのスタッフを優秀なスタッフに変える必要がある。

私は実務時代（営業責任者）に、100人の店長を統括管理していた。その時、確かにこの法則通り、売上を上げられる優秀な店長が20人、平均的な店長が60人、店を任せるにはまだ無理のある店長が20人いた。

優秀な店長にはリーダーシップがあって向上心が高く、私が何も言わなくても進んで読書や店舗見学をし、良いと思ったことは素早く実行して業績を上げていた。彼らはエリアマネージャーや管理職候補である。

私が意識して教育・指導したのは、60人の普通の店長たちだ。店舗巡回時には、よくできているところは大いに褒め、基準に達していないところは丁寧に注意やアドバイスをした。毎月のようにコンテストを行って刺激を与え、表彰したり、励ましたりした。コミュニケーションを図り、モチベーションを与え、優秀な店長のレベルへと上げるべく、サポートにいそしんだ。それが私の重要な役割だと思っていた。

パート・アルバイトの構成比率も同じである。6割の普通のパート・アルバイトをいかに教育して優秀なパート・アルバイトにしていくかは、店長の手腕と努力にかかっている。店長の最大の仕事は、スタッフを育てることである。

重要なのは、優秀な2割を3割、4割、5割に増やしていくこと。お客様に最高の満足を与えるためには、優秀なスタッフが不可欠なのだ。

私は実力店長育成セミナーの場でしばしばこの比率を店長たちに尋ねる。多くの返答は「2：6：2」。法則通りである。だが、中には「4：5：1」や「5：3：2」と答える人もいる。全体の2割ほどに当たる優秀な店長たちだ。過去には「9：1：0」と答えた人や、「心がけの面では10：0：0です」と胸を張った店長もいた。外国人スタッフが100％という居酒屋チェーンの店長もその1人だった。そのような数値を堂々と述べた店長たちが担っていたのは、いずれも模範的なすばらしい店だった。

店長たちから時折、あまり優秀ではない2割のスタッフをどう指導すればいいのかと聞かれる。私は、優秀なスタッフを5割以上（過半数）にできれば、優秀ではない2割のスタッフも必ず良い影響を受けて育っていくと説明している。その2割のことが気がかりなのは当然だが、ダメな点ばかりに注意を向けるのでなく、小さなことでもいいので彼らの良いところを見つけて褒めることが重要だ。どんな人にも長所は必ずあるのだから。

優秀な2割の学生スタッフが卒業により店を去ったとしても、たいていは普通のスタッフの中から新たに2割の優秀なスタッフが育ってくるものだ。先輩が卒業した後、次は私がアルバイトリーダーになろうと考えるスタッフが出てくる。やる気の見られる普通のスタッフを店長がサポートし、リーダーへと育てていくのだ。

私のクライアント先に、スタッフの卒業式を行っている店長がいる。全スタッフの前で卒業証書が渡され、4年間の思い出や、店長からの感謝の気持ち、本人たちからのお礼の言葉などが読み上げられていく。感動的な卒業式を目の当たりにした後、後輩たちは新年度に向けた心構えを宣言し、新たな気持ちで新年度に臨む。店長ならばこのように、スタッフのやる気を促す機会を積極的に設けてほしい。そしてやる気を感じ取ったら、最大限に引き出す努力をしてほしい。

あなたがグランドオープンを任されたとする。まずは、先頭に立つ2割のグループをつくるところから始めよう。それから徐々にその比率を高めていこう。「2：6：2」の法則に甘んずるのでなく、「5：3：2」以上を目指すことで、危機に強い店をつくり上げることにも繋がるのだ。

P・F・ドラッカーは、「組織の優秀さとは、凡人をして非凡な働きをなさしめることにある」と語っている。パート・アルバイトの中で、きらりと光る何かを持った優秀な人は稀で、ほとんどの人は普通のスタッフだ。この普通のスタッフをいかに伸ばし、すばらしい仕事をしてもらえるかが重要である。マネジメントとは、普通の人々をスターに変えることなのだ。

4 全体ミーティングで情報の共有化

店の経営状況が危機にある時や、課題点が多い時は、部下社員やスタッフ全員と話し合う必要がある。店長が1人で考えるより、みんなの意見を聞いたほうが新しいアイデアが生まれやすいし、店の一体感も醸成できる。

あなたの店では、毎月全体ミーティングを実施しているだろうか。店長セミナーなどで「月に1回、全体ミーティングを行っている店は？」と聞いてみると、はいと答える人は残念ながら1～2割程度しかいない。優良企業でも3割程度だ。しかし毎月実施していると答えた店長の店はたいてい、チームワークが良くて売上が向上しており、スタッフの定着率も高い。

全体ミーティングは、主に次のように進める。

① 経営者や店長の、店に対する想いや夢を語る（アフターコロナにやるべきこと）
② 経営理念の確認と徹底
③ 先月の問題点（最近の売上状況）や今月の改善点の発表

④新しいキャンペーンや新商品の説明
⑤懇親会などの打ち合わせ（誕生日会、卒業式）
⑥今月の新人スタッフ紹介
⑦今月のベストスタッフ、優秀スタッフの表彰
⑧ディスカッション（例「新規客を常連客にするには」など）

⑧のディスカッションは、大型店でスタッフの人数が多い場合は5～6人のグループに分かれて行う。「提供時間を短縮するには」「会員数を増やすには」「クレンリネスを徹底するには」などのテーマ別に、自主的にディスカッションができれば理想的である。
ディスカッションの際は、店長は発言を控えたい。スタッフが中心となって議論することで、自主性や責任感が高まる。ディスカッションを通じて「自分たちの店」という意識が強まり、一体感も醸成されるのだ。

全体ミーティングの7ヵ条

以下は、全体ミーティングにおいて留意すべき7つの点である。

① **意見を言いやすい雰囲気づくりをする**

新人スタッフは緊張しがちなので、ドリンクなどを用意して気軽に話せるような雰囲気をつくることが大切だ。

② **事前に目的やテーマを参加者に伝える**

急に意見を求められても、アルバイトスタッフは簡単に答えられない。事前にテーマを知らせ、考えておくよう促す。

③ **終了時間を決め、延長しない**

一般的に人が集中できるのは1時間程度だと言われる。終了時間を設定し、時間内に終えるようにする。

④ **発言者の意見・アイデアを肯定する**

スタッフが発言しやすくなるように、出た意見やアイデアに対しては、できる限り良い点を挙げて肯定する。否定的・懐疑的な反応ばかり示すと、そのスタッフから意見が出なくなってしまう。

⑤ **経営者・店長は発言を控える**

みんなのアイデアが出やすいように経営者や店長は発言を控え、脱線した時は軌道修正するといったサポートに徹する。

⑥　より多くの意見・アイデアを出し合う

店長セミナーにおいて、「スタッフへの褒め言葉を100個考えよう！」というテーマでディスカッションする場合、考え込まずに思いついたものをとにかくどんどん言うようにさせることで、本当に100個出てくる。その中から良いものを20個選んで発表すれば、かなり厳選されたものが並ぶ。それを全員で共有して使えるようにするとよい。

⑦　決めたことの「実行期日」を決定する

物事を決定したら、その実行期日も決める。最も重要なのは、ミーティングで決めたことがきちんと実行されることだ。実行されなければ、この1時間のミーティングはただの雑談になってしまう。

6つのミーティングで、売上前年比130％

6つの全体ミーティングを実施して、売上前年比130％を達成したある居酒屋チェーンの成功事例を紹介する。

不振店と言われていた店を立て直すべく異動してきた店長は、赴任早々、以下の6つのミーティングを実施した。

① **全体ミーティング**

店舗の課題や改善項目について全員で話し合う。店長主導ではなく、アルバイトリーダーがテーマ、内容を考え、司会をし、レジュメを作成し、ロールプレイングも行う。参加率は常時80％以上となった。

② **リーダーミーティング**

参加者は店長、料理長、アルバイトリーダー6名。リーダーの能力向上を目的としており、この店の心臓部と言うべき要のミーティングとなっている。現状の問題を話し合い、全体ミーティングの議題を決め、前回のミーティングにおける決定事項について進捗状況や数値を確認する。この「決めたことが実行できているかどうかを確認する」作業が、このミーティングにおける最も重要な点だ。

③ **入社時期別ミーティング**

ホールアルバイトの入社時期別に実施する。主にQSC向上を目的としたディスカッションやロールプレイングを行う。

④　戦略ミーティング

売上、客数、客単価、人件費、利益などを把握する、数値に特化したミーティングで、店長が進行役となる。個人目標の設定や営業中の動き方（フォーメーション）、客単価を増やす動き方（ロールプレイング）なども学ぶ。

⑤　覆面ミーティング

覆面調査の問題点を全員で共有する。改善点をグループディスカッションし、来月の目標を設定する。

⑥　おもてなしミーティング

おもてなしに対する意識向上を目的としたミーティング。ディズニーランドにおける感動的なサービスの例を挙げて学んだり、プロジェクターを使用して第1印象の笑顔の大切さを再確認したりする。

これらのミーティングは、効率的で意義ある内容にするため、事前に宿題が出される。だが決して重い雰囲気ではない。お菓子やドリンクを各自持参し、リラックスした状態でディスカッションを行うからだ。参加者が90％を超える場合が多いのもこのためだ。多くのアルバイト（30人）が参加してこのような多彩なミーティングを毎月行えば、人件費だけで8万円の経費がかかる。しかし、これが売上130％、利益220％という結果に繫がっているのだ。

特に売上向上に効果があったのは、学生会員とLINE会員の拡大である。学生会員は毎月250人ずつ増やし、スタートして6ヵ月で併売額が月50万円を突破するようになった。LINE会員は2500人で、全店の中でもトップクラス。デザートプレゼントや10％OFF案内など、月に3回お知らせを発信している。月の併売額も40万円を超えた。

会員は、次のような方法で獲得する。まず全体ミーティングで「今月のカード会員目標」を決定。日替わりで「会員カード獲得係」が決められ、係は「8時現在、獲得件数20件。今日の目標達成まであと10件です」という具合に、随時みんなにインカムで呼びかける。

ちなみに「今日のクレンリネス係」や「声掛け係」などもいる。スタッフが自主的に係を設定し、仕事が進んでいくのである。月間の目標が決まれば、毎日の目標が決まり、時間帯の目標まで決まって、それを全員で実行していくのだ。

このひたむきな毎日の努力が、売上130％に結びついたのである。月1回の全体ミーティング実施と継続を、ぜひともおすすめする。

5 ポジションパワーからパーソナルパワーへ ～自立型スタッフの育成～

リーダーとして集団を率いる場合、2つの力が働くと言われる。ポジションパワーとパーソナルパワーである。

ポジションパワーとは、組織における地位や肩書が持たせる力のこと。権力（服従させる力）とも言う。経営者や店長からの命令や強制力、管理や支配といった、部下を操作するマネジメントを指す。

パーソナルパワーとは、経営者や店長としての人間的魅力が持たせる力のこと。権力ではなく、権威（自発を促す力）によってもたらされる力だ。人間力、人間関係力、誠実さ、厳しさ、専門力などを意味し、ヒューマンマネジメントとも言われる。

危機的場面において会社や店のことを一番に考えるのは経営者であり、店長である。第1章で登場した経営者や店長は、ポジションパワーを駆使して対策を速やかに実行し、成功させた。ただし彼らがスムーズにポジションパワーを行使できたのは、パーソナルパワーを持っていたからである。経営者や店長に人間的魅力がなく、尊敬も信頼もされていなければ、部下は付いてこない。2つのパワーをバランス良く使い分ける必要があるが、リーダーシップを発揮する上で近年重視されているのはパーソナルパワーのほうだ。

パーソナルパワーへの変革

パーソナルパワーを磨く努力をし、自分を変えた2人の店長の例を紹介する。

ある居酒屋チェーンの女性店長は、店長になったばかりの頃は強いリーダーを目指していて、アルバイトスタッフを自分のほうに向かせることに腐心し、指示や命令ばかり出していた。このためアルバイトは、お客様を見ずに店長の顔色ばかり見て仕事をするようになった。店の雰囲気は悪くなる一方だった。

売上もどんどん低迷し、ようやくこれではダメだと実感。一番大切なのは「従業員満足」だと考えるようになった。アルバイト1人ひとりに目を向け、それぞれの目標や希望を聞き、愛情を持って接することを覚えた。すると、自然に店の空気が変わって一体感が高まり、チームワークが向上し、アルバイトが自主的に改善活動までしはじめた。スタッフが生き生きと楽しそうに働く様子を見て、お客様の評判もアップ。売上も向上していったのだ。そのように自らを変えることで、2～3ヵ月後には状況が大きく好転したという。

もう1人も、居酒屋チェーンの店長である。やはり初期は気合が入りすぎ、スタッフには上から目線で指示や命令を下した。徹底させねばとの焦りから毎日叱り飛ばし、細かいダメ出しを繰り返した。そして3割のスタッフが辞めていったという。失敗を痛感した。

その後、スタッフ1人ひとりが責任を持って仕事に臨めるようにするため、プロジェクトチームを立ち上げた。テーマを掲げてQ班、S班、C班、SP班という4つのチームをつくり、それぞれにリーダーを置いたのだ。

Q班…おすすめ商品の決定や、商品作成マニュアルの動画撮影
S班…サービス向上のための今月の目標決定
C班…清掃スケジュール、トイレ壁紙張り替え実施
SP班…POPの改善やぐるなびのデザイン変更、入口置き看板設置

以上の4チームがそれぞれアルバイトリーダーを中心に各テーマを実施し、アルバイトスタッフたちが次々と自発的な動きを見せるようになった。例えばC班では汚れてきたトイレの壁紙を自分たちで貼り替えた。SP班ではリーダーがホームセンターで材料を買ってきて、店名やメニュー写真を貼った看板を手づくりし、設置したのだ。店長はそれぞれ

のリーダーにアドバイスをしただけ。ここまで来れば、もはや「すごい店」のレベルである。

危機的状況のみならず、グランドオープンを任されるなどの大きな局面においては、リーダーにはポジションパワーがそれなりに必要とされるだろう。しかし、責任感を持った自立型スタッフの育成が叫ばれる現在、パーソナルパワーがより強く求められていると言えるだろう。

6 スタッフの自己重要感を満たす ～従業員満足から従業員幸福へ～

従業員の幸福度を上げるCHO

ＣＨＯ（チーフ・ハピネス・オフィサー）という役職をご存じだろうか？

これは「従業員の幸福をマネジメントする責任者」のこと。つまり、従業員が前向きな気持ちで働けるよう、仕事のやりがいを見出す手伝いをしたり、心身の健康を管理したりする、専門の役職のことである。従業員の幸福度を上げることで、企業を成長させていく役割を担っている。グーグルをはじめとする先進企業が導入したことから、組織運営の新たな企図として近年着目されている。

飲食企業の場合、ＣＨＯが店舗を回って従業員の幸福度を直接確認したり、オンライン上でアンケートを取って社員の要望やモチベーションレベルをデータベース化するなどして現状をつかみ、問題があれば改善していくのだ。

私のクライアント先の上場企業でも、女性のＣＨＯが店舗を回って新入社員と面談し、心身の状態をチェックしてデータ化している。モチベーション状態がAからEまでの幅で記入されており、誰を優先的に面談すべきか分かるようになっている。具体的かつ速やかな対応のおかげで、この企業の離職率は飲食業界では圧倒的に低い。

事務所の掲示板に「今日の気分」を掲示している企業もある。「ハッピー」「ワクワク」「もやもや」「忙しい」「疲れている」「落ち着いている」などの項目に各自チェックを入れて、全員で共有しているのだ（『日経MJ』参考）。

時代は明らかに従業員満足度向上から従業員幸福度向上へと進んでいる。危機的な状態にある時ほど、CHOが必要である。その力をフル活用して従業員全員を幸福へと導き、会社や店を危機から救わなければならない。

自己重要感を満たすには

従業員幸福度を高める上で大切なのは、従業員自身の自己重要感を満たすことだ。デール・カーネギーは著書『人を動かす』の中で、人を動かすにはその人の「重要人物たらんとする欲求」つまり「自己重要感」を満たすことが必要だと述べている。自分は価値ある存在である、店長に認められている、この店で必要とされている、自分は日々成長できている、と実感できることが大切なのだ。

スタッフの自己重要感を満たすには、スタッフのことをリーダー（店長）がよく知っていなければならない。人を知るのに最適なのはコミュニケーションだ。良きコミュニケーションを図る上で、次の7項目に配慮したい。

① さわやかな挨拶

店長が朝一番に気持ちの良い挨拶をすることで、職場の空気が明るくなる。店長時代、私はいつもさわやかな挨拶を心掛けていた。これだけでも「さあ、今日もお客様のために頑張るぞ！」というムードになるのだ。

② 1日5分、グッド・コミュニケーション

毎日コミュニケーションを意識することが大切。1分間ミーティングやスタンドミーティングの量を増やそう。

③ 素敵な笑顔

「感じがいい人」について調べたデータがある。笑顔35％、挨拶をする24％　丁寧に接する5％である。経営者や店長の素敵な笑顔があれば、良い人間関係が広がるのだ。

④ スタッフを名前で呼ぶ

優れた店長は、常にスタッフを名前で呼ぶ。名前は当人にとって最も快い言葉だ。特に女性スタッフは名前で呼ばれることに敏感である。

⑤ 褒めることを習慣に

スタッフは店長にいつも褒められたい、認められたいと思っている。スタッフと良い関係を築いて彼らのモチベーションを上げたいのなら、褒めるのを習慣にすることだ。

⑥「ありがとう」を自然に

クライアント先のラーメンチェーンの店長は、スタッフに1日100回「ありがとう」を言っている。これだけで店のチームワーク向上に繋がるという。「ありがとう」は日本人が一番好む言葉なのだ。

⑦ 雑談からスタート

雑談力とチームワークは比例する。プライベートな話をたくさんすることで、スタッフとの心の距離感は近くなる。

このように、店長はスタッフの自己重要感を満たすべく、コミュニケーションを十分にとることを常に意識しなければならない。

　では優秀な店長たちは、具体的にどのように行動しているのだろうか。以下、私のクライアント先の実力店長の例を紹介しよう。

｜ スタートの1週間、新人とは毎日面談

　あるステーキチェーンの優れた店長のもとでは、スタッフの定着率が抜群だ。大学を卒業する人以外は、ほぼ全員在籍している。

① スタッフは初期教育でオペレーションの基礎を徹底的に学ぶので、実践への不安がない。店長は新人の入店後1週間は毎日面談し、メンタル面でもしっかりフォローしている。
② 担当トレーナーが新人に付きっきりで徹底教育している。
③ 店長とスタッフ全員とのコミュニケーションが良好で、声掛けの量が多い。
④ 自分の存在が認められ、この店で必要とされているのをスタッフ全員が実感している。
⑤ スタッフ全員がこの店への愛着心と誇りを持っている。

特に新人に対しては、「不安なことがあれば言ってね」「トイレは大丈夫?」「喉が渇いてない?」などとこまめに話し掛けている。このような声掛けやスタンドミーティング、面談を毎日実施しているので新人は不安を感じずにすみ、辞めないのだ。

2 「1日1人面談」で、人に強い店長に

ある洋食チェーンの実力店長は、コミュニケーション能力が高くて「人に強い」と本社から評判だ。毎日1回はパート・アルバイトの誰かと10~20分の面談をする。店長自身の想いに共感してもらうことや、やる気を促して自主的に考え実行する力を伸ばしてもらうことが目的である。「スタッフの声にならない声をいかにしっかり聞き取るかが、店長の腕の見せどころ。それができれば店長の仕事は驚くほどスムーズになります」と語る。

また、飲食店の店長はスタッフが退職する際にはほとんど面談をしないが、あるチェーンの店長はこれを積極的に実施している。退職する人に「お辞めになるのは店長である私の責任です。申し訳ありませんでした」と、まず謝る。そして店に対する本音(労働環境や他のスタッフとの人間関係など)を真摯に聞く。それをもとに問題点の改善を図り、定着率をほぼ100%にまで上げた実績を持つ。

3　太陽のように明るく前向きな店長に

リーダーシップとは、太陽のような明るさを放つ力だと私は思っている。明るく前向きな店長のもとには人が集まり、笑顔いっぱいの店になる。

ある和食チェーンの店長は、人を幸せにするパワーを持っている。常にスタッフ全員に陽気に声を掛ける。スタンドミーティングで1人ひとりの話をしっかり聞く。シフトを上がる人には「お疲れさま、ありがとう。今日はどうだった?」と優しく尋ねる。

部下に微笑む。感謝の言葉を述べる。褒める。関心を寄せる。温かく接する。毎日毎日これらを確実に行うことで、チームワーク抜群の店になっていくのだ。「店長は太陽であるべきです。明るい笑顔でみんなを元気にする、みんなにエネルギーを分け与えられる、そんな人間になりたいと思います」とその店長は言う。

店長にとって一番大切なのは愛情。店が大好き、スタッフが大好き、会社が大好きで、愛情に満ちあふれた店長の周りには、辞めたいと思うスタッフはいない。愛情を込めて彼らと向き合い、理解し、好きになり、褒めて自信を与え、自主性を促そう。あなたと共に長く働くことを誇りに思ってくれるスタッフを、1人でも多く育てていただきたい。

7 経営者・店長の仕事は、準備と徹底力

店長の仕事は準備業であるとしばしば言われる。営業そのものではなく、営業の前段階で何をしているかによって、お客様の評価が決まると言っても過言ではない。

新型コロナウィルス感染症拡大といった厳しい状況が続き、外食頻度が激減する中でお客様が選ぶのは、より安全・安心で満足度の高い価値ある店だ。そういう優れた店にするには、優れたスタッフを育てる必要がある。そのためには、経営者や店長による入念な準備が欠かせない。

中でも重要なのは「優秀な人材の採用」と「教育訓練・ハウスルールの徹底」である。そしてスタッフと十分なコミュニケーションをとり、月に1回程度の面談を継続し、モチベーションが上がる言葉でスタッフのやる気を引き出していくのだ。

褒める仕組み（サンキューカード）については後述する。

図の左側の4つの「準備」に時間と労力を費やすほど、優れた人材（スタッフ）が育ち、お客様に対して満足度の高い店舗運営ができる。優れたスタッフによるQSCの提供で、

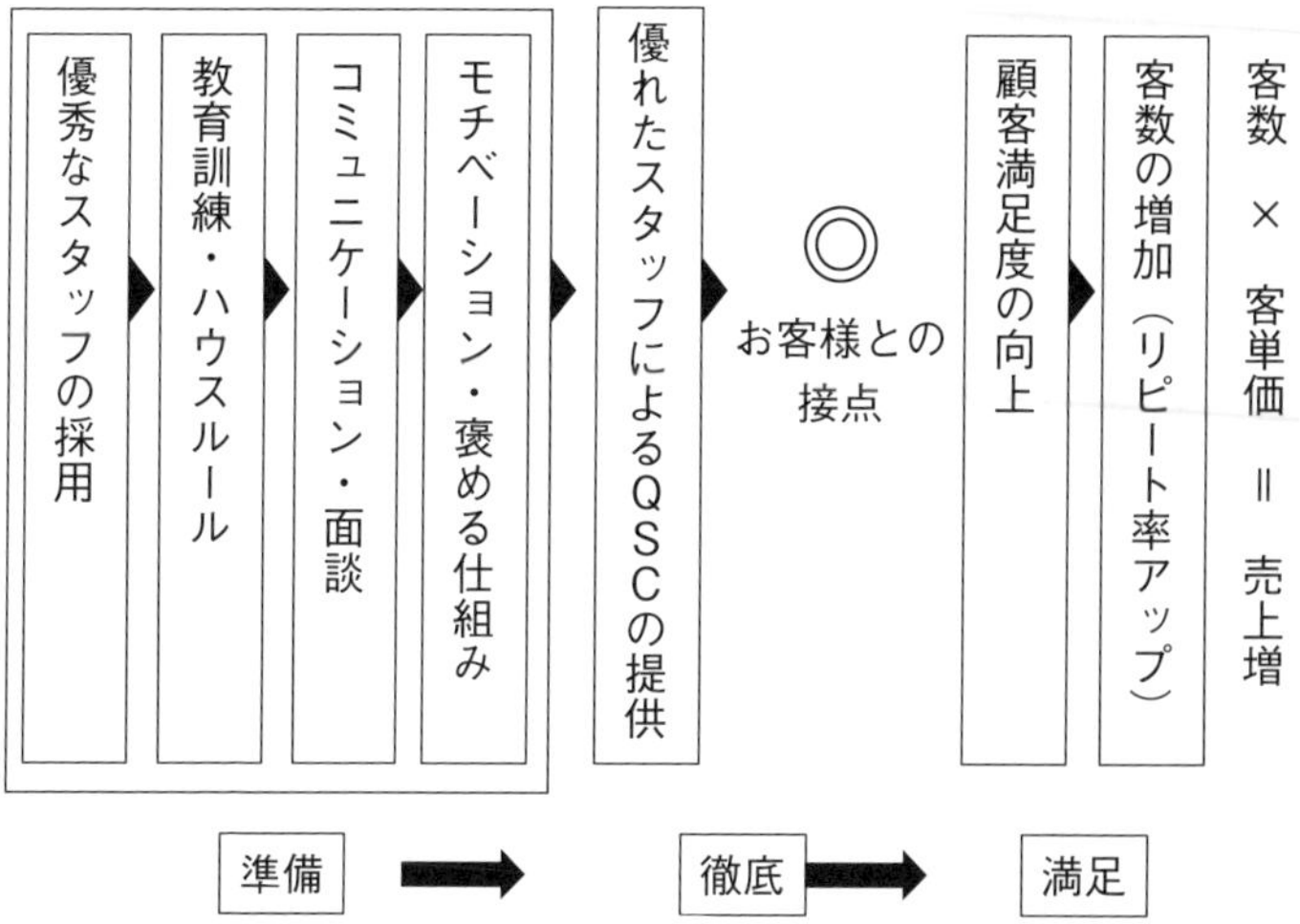

お客様との接点が確かなものとなり、顧客満足度が向上して、その結果、客数が増えて売上が向上するのである。

「準備」のうち3つは採用後のルールや仕組みである。だが残りの1つである『優秀なスタッフ』を、どのようにして『採用』すればよいのか。これについて解説する。

優秀なスタッフの採用

優秀な人材を採用するための、募集及び面接・採用のポイントは次の通り。

〈アルバイト募集のポイント〉

1）スタッフからの紹介制度（友人・知人・サークルの後輩）

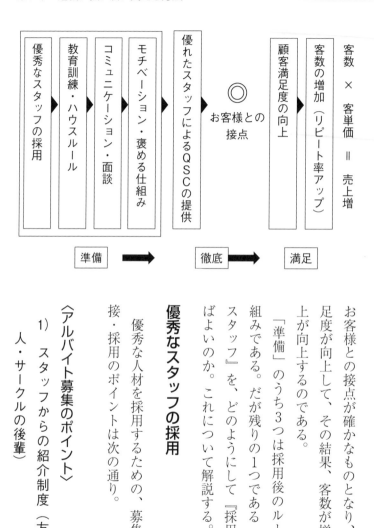

2） 店頭ポスター・テーブルPOPによる告知
3） お客様をスカウト（お仕事紹介パンフレット・スカウトカード）
4） 近隣の家庭に求人チラシ配布
5） SNSの活用
6） 退職者の再雇用制度
7） 求人広告用の画像を重視
8） 女性・シニア・外国人の活用

コロナ禍にある現在、採用状況は多少良くなっているものの、業界としてはまだまだ売り手市場である。募集・採用に苦労している経営者・店長は多いことと思う。

1)の「スタッフからの紹介制度」は、一番身近な採用活動だ。実際にこれが最も多く、かつ有効な手段で、経費も抑えられる。この制度で30％程度のスタッフを採用している。店長によってはこれで100％という人も。店長がつくってくれる「まかない」がおいしいという触れ込みで、友人や後輩を紹介してくれるスタッフもいる。質の高いスタッフほど、やはり質の高い人材を紹介してくれる。紹介料（1万円程度）を支払う企業も少なくない。ただし、働きやすい環境が整っていて、普段からスタッフが仕事に誇りを持ち、満足していないと紹介は望めない。

3)の「お客様をスカウト」は、学生のお客様などに店長から声を掛けて募集する方法だ。あるファストフードでは、これはと思ったお客様に「お仕事紹介パンフレット」を手渡している。

また、「スカウトカード」を渡して積極的にスカウトしている店もある。スカウトカードをもらったお客様は、ちょっと嬉しい気分になるはずだ。私も店長時代に、他社のファストフードやファミレスで優秀なスタッフをスカウトした経験がある。情熱を傾けてスタッフを確保してもらいたいものだ。

4)の「近隣の家庭に求人チラシ配布」は、半径500mほどのエリアの家庭に手づくりチラシを配布（ポスティング）する方法だ。あるラーメンチェーンの店長が、スタッフの画像を入れた求人チラシを3000枚作成し、クーポン券を付けて配布したところ、3人の採用に成功した。売上も向上し、一石二鳥の快挙だったという。

5)の「SNSの活用」は、「ツイッター」「フェイスブック」「LINE」「インスタグラム」や、「ウェブサイト」を利用し、幅広い角度から募集することだ。お店のSNSをチェックしている人はたいていお店のファンなので、募集の効果も大きい。
6)の「退職者の再雇用制度」は子育てが終わって、もう一度同じ店で働きたい人や、家族の職場異動に伴い、新しい街の同チェーンで働きたい人の再雇用制度。大手チェーンでしばしば実施されている。また私自身も店長時代に、異動したばかりの店で過去の履歴書をチェックし、退職した人に「もう一度アルバイトをしませんか？」と連絡して、3人再雇用した経験がある。
8)の「女性・シニア・外国人の採用」は近年かなり増えている。ファストフード各社でも高齢者を多く見るようになった。年金生活をしている高齢者がもう少し余裕のある暮らしをするためには、あと6万円ぐらい必要だとも言われている。また、都内の繁華街エリアでは、ほぼ全員外国人スタッフという店もある。そういう店が社内売上ナンバー1を記録するケースも出てきているのだ。

〈面接・採用のポイント〉

1) 第1印象が良い（挨拶・身だしなみがきちんとしている）
2) 笑顔が自然（人間性は笑顔に出る）

3）明るく生き生きしている（会話のキャッチボールができる）
4）協調性がある（チームを大切にする）
5）やる気や意欲を感じる（ポジティブ・プラス志向）
6）同業他社で経験がある（基本が身に着いている）
7）繁忙期に勤務ができる（土日のピークに入れる）
8）将来の夢や目標がある（長期間継続して働ける）

1）〜8）まですべて該当する人は少ないかもしれないが、できる限り上記のイメージを参考にして人選していただきたい。

また面接時に次のような質問をすると、その人のことがより分かりやすくなるだろう。

・なぜこの店（会社）で働こうと思ったのですか？
・今、一生懸命取り組んでいることはありますか？（趣味・スポーツ・勉強など）
・最近、感動したことはありますか？
・どうしたら職場の人間関係は良くなると思いますか？
・土日に休みを取るとしたら、どんな場合ですか？

・あなたの長所と短所を教えてください。
以上の質問は例に過ぎないが、ちょっとした質問を投げかけることで、その人の「人柄」や「人生観」を理解する糸口が見えることもある。

ある店長は、「最近感動したこと」をいつも質問している。「接客業は感動業。感動する心がある人、小さなことでも感動できる人を採用したい」からだという。参考にしていただきたい。

QSCの徹底力

チェーンストアの大家である渥美俊一氏（経営コンサルタント）は、かつて徹底力について次のように語った。

> 決めたキマリがどちらの企業（店）より徹底できるかというのが競争である。徹底できるかどうかの格差が競争の本質である。

また、アメリカのチェーンストアの基本概念は「consistency」（一貫性）であるとも説いた。経営会議で何かを決定する際、「これには一貫性があるか。現場（店舗）で徹底できるのか」という議論がなされなければならない。

その一貫性とは、店舗経営の標準化である。飲食店で言うならば、QSCの徹底力である。このQSCの徹底力について解説する。

これは、ある大手ファストフードの店長の話。近くに競合チェーンの店がオープンした。この店長は競合店へ出向いて「お互いに頑張りましょう」と挨拶した。自店に戻るや、この店長はスタッフを集め、「徹底力」を強化する指示（目標）を出した。

Q…ポテトのホールディングタイム10分を8分に変更する。

（ポテトの品質を向上させるため）

S…ドライブスルーの提供時間1分を50秒に短縮する。

（提供時間を10秒短くして、競合店よりも早く提供するため）

C…窓ガラス全面の清掃を、週に1回から2回に増やす。

いかがだろうか。これが、このファストフードの徹底力である。より徹底できる店（企業）が競争に勝てるのだ。

あるファミリーレストランにおいて、QSCの徹底によって成果が上がった仕組みを紹介する。

メガFCの営業責任者時代、私は某ファミリーレストラン8店舗（FC）の運営を任されていた。当時はまだオーダーエントリーシステムがなくて、手書きの伝票でオーダーを取っていた。現在はオーダーを取ってから提供するまでの時間はデータで分かるが、当時はアナログで計測していた。

そのファミリーレストランでは、ランチの提供時間が10分以内、ディナーは15分以内と決められていた。例えばランチ12時00分にオーダーを受けた場合、12時9分に提供できればOKである。何百枚にも及ぶ伝票を深夜にチェックし、日報に記入して報告していた。

400店舗あるチェーンだったが、ランチとディナーの提供時間目標を全店中90％の店が達成できたら、次の新たな目標を掲げてまた徹底的に取り組んだ。これがチェーンストアにおける一貫性（徹底力）である。徹底できるかどうかの差が、競争の本質なのだ。

8 コミュニケーションでチームワーク強化 ～定着率の高め方～

前項「7　経営者・店長の仕事は、準備と徹底力」の中で、「準備」として4つの内容を挙げた。本項では、その中の「スタッフとのコミュニケーション・面談」について解説する。

危機に強い店をつくるために不可欠なのが、従業員のチームワーク・一体感である。もちろん、平時であってもコミュニケーションは重要だ。人間関係のトラブルは、コミュニケーション不足によって起こることが多い。短い時間でもいいから、毎日スタッフ全員と触れ合うよう心掛けたい。毎日のコミュニケーションが信頼関係を築き、チームワークを向上させ、スタッフの定着率も高めるのだ。

コミュニケーションチェックリスト

あなたは日々どのようにスタッフとのコミュニケーションを図っているだろうか。以下の項目をチェックしてみよう。すべての項目がイエスなら、あなたの店のコミュニケーションは理想的である。

□①毎日朝礼（または夕礼、終礼）を行い、情報交換や意見交換をしている。

□②新人スタッフとのコミュニケーションを十分に図り、入店後の1週間は毎日、仕事終了時に10分程度の面談をしている。

□③毎朝スタッフ全員に笑顔で挨拶し（ワンスマイル、ワンメッセージ）、仕事終了時は「お疲れさま、今日はどうだった?」と声を掛けている。

□④週に1回程度、マネジメントチーム（店長、社員、スタッフリーダー）のミーティングを実施している。

□⑤お客様に喜ばれるサービスをしたスタッフや成長したスタッフは、その時その場で褒めている。

□⑥スタッフ全員が今月の具体的行動目標を知っている。

□⑦毎日スタッフとの1分間コミュニケーションを実施している。

□⑧店長がスタッフとの約束をきちんと守っている。

□⑨スタッフ全員との評価面談を1～2ヵ月に1回実施している。

□⑩月に1回、全体ミーティングを実施している。

いかがだろうか？　これらができていれば、すばらしいチームをつくっている店だと言えるだろう。

スタッフの定着率を高めるには

飲食サービス業界は、常に離職率が高い業界の上位にランキングされている。労働条件が悪い、スタッフを教育する環境が整っていないなど、モチベーションが保てない要因が多いからだと言われる。

図は、アルバイト離職者の就業期間を表したデータである。これによると5人に1人（22％）が入社1ヵ月未満で離職している。2人に1人（55％）が、半年以内に辞めているのだ。

募集（入口対策）も大切だが、まず離職者を出さないこと（出口対策）が重要だ。学生の数は減り続けていて、補充は簡単ではない。アルバイト募集にかかる費用は毎年上がっているし、派遣バイトの時給も安くはない。

私の実務時代、定着率の高かった店には次の共通点があった。いつの時代でも変わらぬポイントである。あなたの店はどうか、改めて考えてみてほしい。

アルバイト離職者の就業期間

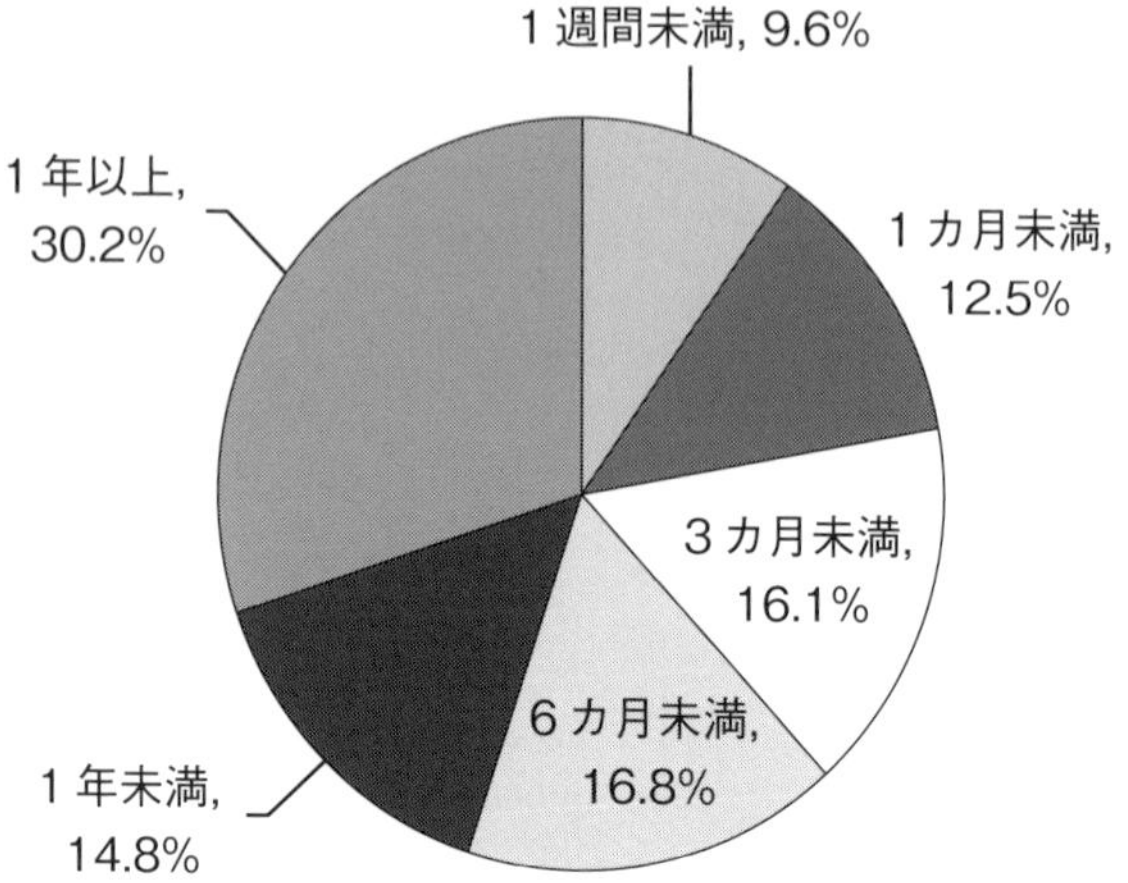

「アルバイト・パート【採用・育成】入門」より
（中原淳＋パーソナルグループ著、ダイヤモンド社）

・店全体の空気が良い
・人間関係が良好で、チームワークが良い
・新人スタッフの教育係がいる
・店長がスタッフを認めている（褒める、励ます）
・スタッフが店長を尊敬している（優れた人間性）

次のような仕組みやコミュニケーションが行われている職場では、スタッフの早期離職が少ないと言われている。

〈仕組み面〉
・新人の時に教育担当者から指導を受け

ている
・全体ミーティングが定期的に行われている
・評価面談の機会がある
・仕事での頑張りを表彰する制度がある

〈コミュニケーション面〉
・職場外での交流（飲み会・遊び）がある
・職場内に談話できるようなスペースがある
・店長とプライベートな話ができる
※特にこの「店長とプライベートな話ができる」は、スタッフと店長との心の距離感を縮められる重要なポイントだ。
（中原淳・パーソル総合研究所「アルバイト・パートの採用・育成に関する実態調査」より）

面談の手順

スタッフとのコミュニケーション強化のために、1～2ヵ月に1回の個人面談が必要である。面談は教育やモチベーションアップの場でもある。

〈目的〉

・スタッフとの信頼関係を築く
・スタッフの成長をサポートする
・職場の人間関係を良好にし、モチベーションを向上させる

〈面談の進め方〉

1　前月を振り返り、成長した点・褒めたい点を伝える
2　改善してほしい点・店長として気になった点を伝える
3　スタッフと共に解決策を考える
4　次月の目標を一緒に考える
5　スタッフの話をよく聴く（単に聞くのではなく、しっかり耳を傾ける）
6　質疑応答

※店長は一方的に話してはいけない。8：2の割合で聴く姿勢が大切だ。

〈面談後に実施すること〉
- スタッフの変化や、成長した点を称賛する（※最重要）
- スタッフからの改善や企画の提案に対し、進捗状況を確認し、必ず返答する
- その後も定期的に面談を実施する

第1章で紹介した甲羅本店の富崎店長は、面談を行う前にスタッフ全員に対して、下記のアンケートを実施していた。

- お客様、または仲間に喜ばれたエピソードを教えてください。
- こんな店にしたいという理想のお店像を教えてください。
- この店の良いところ、もったいないと思うことはなんですか？
- この店であなたがやりたいこと、担っていきたい役割を教えてください。
- その他、心配事、質問、意見などはありますか？

このアンケートによって、個別の現状が事前にある程度分かり、アドバイスの下準備ができて、面談がかなりスムーズになる。ちなみに富崎店長も、自分が話しすぎないように気を付けているとのことだ。

面談でスタッフの自主性が尊重され、心を開いて語れる場であれば、多彩な案が生まれたり、工夫を凝らした実践に繋がったりもする。例えば次のアイデアも面談の結果、スタッフのほうから自主的に生まれた。

幼稚園教諭経験のある主婦パートスタッフは、面談の際に節分の販促アイデアを提案。恵方巻テイクアウト販売のツールとして、厚紙で恵方巻を手づくりしてくれたのだ。食品サンプルよりも可愛くて親しみやすく、レジの横に置いたところ、過去最高の販売数になった。

このように、定期的に面談を実施することで、店に対するロイヤリティの高いスタッフが育っていくのである。

9 褒める仕組みでモチベーションアップ

第2章「7　経営者・店長の仕事は、準備と徹底力」で挙げた「準備」のうち、本項では「モチベーションアップの褒める仕組み」について解説する。

部下社員やスタッフを褒めるのは、身に着けてほしい行動をより確かなもの、より強くて優れたものにするためだ。そのスタッフの行動をきちんと見て、よくやったことを認め、しっかり褒めることが大切である。

褒められた人は次のように感じる。

- 気分が良くなる（その場の空気も良くなる）
- 仕事への満足度が高まる
- 自信と挑戦意欲が高まる
- 褒めてくれた相手に好感を持つ

上司から褒められた場合と叱られた場合、やる気が高まる比率は8：2だと言われる。褒められてやる気になる人のほうが圧倒的に多いのだ。

スターバックスのGACカード（人が人を称える仕組み）

スターバックスコーヒーは、外食チェーンの中でもブランドイメージがナンバー1である。日本国内で1500店舗になってもQSCオペレーションは安定し、スタッフは生き生きと楽しそうに仕事をしている。私自身もスタバの大ファンで、店内で仕事をしたり読書をしたりする。行きつけのスタバでは、「今日もありがとうございます。いつものほうじ茶ラテ、シロップ少なめでよろしいですね」と、好みを覚えて速やかに対応してもらっている。

天気の悪い日に、「雨の中をありがとうございます。ごゆっくりどうぞ！」と書かれたサンキューカードをテーブルに置いてくれたこともある。新しいドリンクが出ると、店内外を回ってお客様1人ひとりに声掛けしながら試飲用の紙コップを配るスタッフの姿も見かける。店長と新人スタッフが店内で和やかに面談している光景にも出会う。このようなことが日々しっかり行われていることがすばらしい。

スターバックスには、仲間同士で感謝の気持ちを贈り合うGACカード（GREEN APRON CARD）というものがある。小さなことでも大きなことでも、パートナー（スタッフ）が嬉しかったことや、すごいと感じたことをこのカードに書いて仲間に渡すのだ。

ＧＡＣの発行枚数は年間で約３００万枚。スターバックスの総従業員数は約4万人だから、１人当たり年間75枚のＧＡＣを贈り合っている計算になる。（『月刊食堂』スターバックスコーヒージャパン人事本部・下青木聖子部長代理、参照）

メッセージの一例を紹介しよう。

「Yちゃんへ　Yちゃんはいつ見ても楽しむことのスペシャリストだね。Yちゃんが笑顔でスターバックスの仕事を楽しんでいることで、私も、皆も、そしてお客様も楽しいひとときを過ごすことができます。笑顔は伝染しますね。笑顔のミラー効果をこれからも続けていってください。自分の仕事を愛しているYちゃん。大好きです。H美より」

「Yちゃんへ　『1日中笑顔でいる』…なんて素晴らしい目標でしょう。それを言葉だけでなく実行できているYちゃんは私の目標です。（私はすぐあせるから…）明日もニコニコ隊で頑張ろうね。今日もありがとう！　M子より」

このようなメッセージをパートナー同士が毎日書いて渡し合う。ほんの小さなことでも、いいなぁ、すごいなぁと感じたことを素直に言葉で伝えるのはすばらしい。

私は店長セミナーで、元スタバパートナーのYさんにこのカードを見せてもらった。彼女が持っていたカードの束の厚さは10㎝。枚数にすると300枚だった。スタバのピンバッジ20個も見せてくれた。

こういった仕組みがスターバックスの従業員に誇りを持たせ、ブランドイメージを支えているのだ。

スタッフのスタンプラリー

北関東のとんかつチェーンには、モチベーションアップの仕組みとして、スタッフのためのスタンプラリーがある。1出勤に対して1個、店長がカードにスタンプを押す。100個貯まると1000円の割引券がもらえるのだ。

また、次のような場合にはボーナスポイントとしてスタンプが2~3個押される。

① 欠員時に出勤した
② スケジュール困難時にシフトインした
③ 元気良くお出迎え・お見送りの挨拶ができた
④ 積極的にお客様と会話ができた
⑤ おすすめの商品を積極的にセールス販売した

⑥　お客様からお褒めの言葉を頂いた
⑦　困っている仲間を助けた
⑧　満面の笑顔でお客様と接した
⑨　店舗問題点の改善提案をした
⑩　率先して店舗の掃除をした

「こんな小さなことでも、スタッフは喜んでくれます」と店長は語る。「お疲れさま」の一言でスタッフを帰さず、毎日きちんと評価し、店長の感謝の気持ちを伝えていくことが大事なのだ。

このとんかつチェーンは、ＭＳＲ（覆面調査）で全国トップクラスの実績を持つ、店舗運営力の強い企業である。

ＡＮＡ（全日空）には、「グッド・ジョブ・カード」という仕組みがある。従業員同士、お互いの仕事ぶりの良いところや感謝の気持ちをこのカードに書いて手渡す。例えば、フライト中に気付いたことを書きとめ、空港に戻った際のミーティング時、クルーだけでなく管理職も立ち会う中で手渡し、みんなで拍手を送ったりするのだ（参考『ＡＮＡの気づかい』ＡＮＡビジネスソリューション、ＫＡＤＯＫＡＷＡ）

モチベーションアップの仕組みを考えて実行し、やる気のみなぎるたくましいスタッフを多く育てて、危機に強い店をつくり上げていただきたい。

10 スタッフの目標設定で店舗活性化

あなたの店では、その月やその日の店舗オペレーション目標やマネジメント目標、また、スタッフの個別目標を設定しているだろうか。シンプルで分かりやすい具体的な目標を持つことはとても重要だ。スタッフ1人ひとりが目標を持って日々スキルアップしていけば、店全体も必ず強くなる。

毎日の朝礼時や夕礼時にスタッフが今日の目標を発表し、シフトアップ時に達成率を店長に報告している店がある。また、毎月の自己目標を全員が「目標管理シート」に記入し、事務所に提示している店もある。月の半ばに目標の中間進捗状況を、そして月末には達成率を、本人と店長がそれぞれ記入するのだ。達成率が低い場合、次月もその目標を掲げて徹底的に取り組む。

あなたの店を私が突然訪問し、スタッフの1人に「店の今月の目標と、あなたの今日のオペレーション目標は何ですか？」と聞いたとしよう。速やかに明確な答えが返ってくるスタッフがどれぐらいいるだろうか？　店全体が日々進歩を遂げていくために、あなたの店でもぜひ店舗目標を掲げ、スタッフ全員に個別目標を持たせよう。

以下、スタッフの個別目標設定で店舗活性化に成功した4人の店長の仕事を紹介する。

アジアンビストロ店

この店では毎月のチーム目標、毎月の個人目標の他に、キャリアステップに対する「行動目標」を掲げている。この行動目標とその進捗状況、及び上長のコメントを、目標管理シートに記入する。店長はリーダーに対し、リーダーはトップウェーターに対し、というようにコメント（アドバイス）を記入していく。このようなシステムを確立させて稼働させることができるのは、かなり優れた店長である。

大手焼肉チェーン店A

この店では、全スタッフの「なりたいスタッフ像」を掲示している。キッチンの女性スタッフ（学生）の例を挙げよう。目標は「お客様がキッチンをのぞきたくなるようなスタッフになります」だ。その下には「誰が作ったか知りたくなるような料理を作ります。お客様からは直接顔が見えないからこそ、元気で明るい声を出して、最高の100分間を過ごしていただきます。きっかけは私から！」と書かれている。これに対して店長も「この発想、大好きです。私たちがお客様のことを想いながら商品を作るように、お客様が商品を通してスタッフのことを感じてくれたら最高です」とコメントする。

またスタッフルームのホワイトボードには、〇〇店改革、今月の目標、ＯＦＦ・ＪＴの教育・考え方などが書かれている。これらについて店長がＬＩＮＥ動画で５分間セミナーを実施。新人は店長が作成した２週間トレーニングシステムをベースに育成される。最近、このようにして育てられたスタッフが４名入社した。店長に憧れ、この人に付いていきたいと思って入社するアルバイトが多いのは、優れた店長に共通することだ。

大手焼肉チェーン店B

63人のスタッフ全員の能力アップのために、店長が毎月個別に目標を設定している。

- ３０００円、３５００円コースのおすすめで客単価を上げよう
- 提供スピードが遅れないよう、しっかりフォローしよう
- 新人のトレーニングをしっかりやろう
- その笑顔をみんなに広めよう

…というように、目標は1人ひとり違う。本人のレベルを見ながら、来月はこうなってほしいという店長の想いを込めつつ、1ヵ月で達成できそうな目標を与えているのだ。こうして全体のレベルが向上していく。全員の能力が分かっていないとできないことだが、「僕の仕事のほとんどは人間観察です」とこの店長は言う。

「スタッフがどんな気持ちで働いていて、何ができて何ができないか、何をしたいと思っているのか、すべて把握しています」とのこと。店長を見習ってか、先輩スタッフも後輩の目標を掌握するようになり、ちゃんとフォローしてくれるという。部下に対して「君が次にやるべきことはこれだよ」と言えること、それは上司の重要な役割である。

和食しゃぶしゃぶ食べ放題店

この店には店舗目標の他にも数々の部門目標があり、それらが明確に打ち出されているところがすばらしい。例えば今月の店舗目標は「活気の演出」、今月のホール目標は「コール&レスポンス」、キッチン目標は「提供時間6分以内」などだ。

スタッフにも今月の目標がある。さらに、1人ひとりのモチベーションを高めるため、毎日のワークスケジュール表には「笑顔ビームたくさん振りまいて!」「誰よりも大きな

〈ワークスケジュール表〉

	9　10　11　12　1　2　3　4　5　6　7　8　9　10　11　12
山本	（笑顔ビームたくさん振りまいて！）
田中	（誰よりも大きな声で挨拶しよう）
鈴木	（ドリンクのサジェスト成功率60％！）
金山	（作業のコツは先輩に聞いてメモし自分のものにしよう）
池下	（常連様とのいつもの会話お願いします）
⋮	⋮

声で挨拶しよう！」など、店長からの一言コメントが個別に記入されている。スタッフの数は30人に上る日もあるが、店長もスタッフも毎日続けている。このチェーンの営業部長によると、この一言コメントを毎日欠かさず記入している店長は、50店舗中2人だけとのこと。その2店の業績は伸び続けているという。日々のこういった積み重ねが成果を生み、着実に売上を伸ばしていくのだ。

11 異動店長を成功に導く5ステップ ～店長はどこを見るか～

チェーン店の場合、店長の店舗異動は珍しいことではない。今回のコロナ禍で、経営不振に陥った店を立て直すために異動を命じられた店長もいるだろう。私もクライアント先の店長セミナーにおいて、異動したばかりの店長から「新しい店舗で何から手を着ければよいのでしょうか？」と、しばしば質問を受ける。

この項では、異動や初めての店長就任など、店長が新しい店舗で活躍するにはどうすべきかを解説する。

新任・異動店長を成功に導く5ステップ

ステップ1　新しい店舗の組織になじむ

新任・異動店長が真っ先に行うのは、店の組織になじむことだ。その中でも最優先すべきなのがコミュニケーション。自分とスタッフや部下社員との相互理解を図る上で、意思の疎通が何よりも重要となる。

赴任早々、店の問題点を挙げる店長がいるが、これは前任者を否定することに繋がるので、避けるべきである。従業員はまだ前の店長の影響を受けているのだ。店の良い点を探し、力を合わせてそれを伸ばしていこうという意気込みを伝え、コミュニケーションを深めていきたい。

ステップ2　内部の強み・弱みを把握する

次のステップでは、QSCオペレーションのレベル、スタッフのランクアップ状況、スタッフや部下社員の個別能力、チームワーク、店の風土などをチェックし、全員を対象とするカウンセリングも実施して、店舗内部環境の強みと弱みを把握しよう。SWOT分析の手法を参考に現状を整理・整頓し、次の一手を考えていこう。

ステップ3　組織を改革する

ステップ2でつかんだ強み・弱みをもとに、改善・改革への第一歩を踏み出そう。私がこれまで取材をしてきた実力店長たちの多くは、3ヵ月ほどで店を変革している。3ヵ月以内は前任店長の責任、それ以降はあなたの店としてあなたが責任を負うべきだ。勝負は

100日、カギはスタッフの教育指導である。

ある居酒屋チェーンの店長は、どの店に異動しても2ケタ成長させる強者で、「2：6：2」の法則を、3ヵ月以内に「8：2：0」のレベルに高めることを目標に掲げて改善に臨んでいる。優秀な店長は優秀なアルバイトリーダーを育てる。優れたスタッフが8割いる店になれば、組織は一変するのだ。

ステップ4　チームワークを醸成する

私はこれまで「実力店長」と目される250人の優秀な店長に様々な話を聞いてきた。その中で最も多く語られたテーマは、チームワークである。お客様は店のムードを敏感に察知する。チームワークが良くて明るい雰囲気の店は、お客様に好感を持たれる。店の空気が売上をつくるのだ。

新任店長は店内のチームワークの現状をつかみ、向上させていく必要がある。プロジェクトチームを編成したり、褒める仕組みや表彰制度をつくってスタッフのやる気を促すなど、みんなで店を盛り上げていく仕掛けを考えよう。

ステップ5　総括し、さらに改善する

3ヵ月～半年かけて1から4までステップアップしたら、もう一度最初から検証してみよう。できなかったことや不十分なことはないか？　直すべきことは何か？　どのように取り組むべきか？　統括と改善が必要だ。仕事は改善の連続なのだ。

あなたの掲げる改善目標は、どれほど思い切ったものであるか？　最近あなたは、どれぐらい短期間で、何を大きく変えたか？　あなたの部下社員やスタッフはここ3日間、3週間、3ヵ月間で何を変えたか？　そういった質問を常に店の中に、そして自分自身に浸透させて改善を進めていこう（トム・ピーターズ著『エクセレントリーダー』参考）。

店長が見るべき5つのポイント

フロアコントロールしている時、店長はどこを見てどのように対応すべきだろうか。そのポイントを5つ挙げる。特に店舗異動したばかりで現状把握に苦労している店長は、参考にしていただきたい。

①　お客様の顔の表情や仕草

食事中のお客様の要望や満足度を把握するのはとても重要なことだ。特にコロナ禍で久

しぶりに来店した常連客には、最高のおもてなしをするべきである。ある女性店長は、「一口目を召し上がった時の表情を常に見ています」と語っている。やっぱりこの店はすばらしい、来てよかったと思っていただけるよう、お客様の表情や仕草から要望を読み取って、素早く対応しよう。

② スタッフの態度・表情・声・動き

お客様の不満ワースト1は、従業員の対応の悪さである。態度や言葉遣いの良さ、明るい声、心からの笑顔、スピーディーな歩き方などができているかどうか、スタッフの様子を店長はこまめにチェックしよう。

また、作業の節目ごとにスタッフが店長のほうを見るようにし、目配せなどによって随時指示を仰ぐ習慣をつけるとよい。

③ テーブルウォッチング

プレバッシング（中間下げ）や飲み物の追加のおすすめなど、テーブルの気配りサービスは、さりげなく、てきぱきと行う必要がある。常に観察を怠らず、今何をすべきかを考えて速やかにかつ積極的に行動しなければならない。「1way 3job」という言葉の通り、1つのテーブルやフロアへ行ったらその周辺を含めて3つの作業をし、生産性を上げていく。テーブルに伺った時のちょっとした会話も大切だ。印象に残る店にするためには、コミュニケーションが不可欠である。

④ 商品（料理・ドリンク）と提供時間

スタンダードを遵守した料理が提供されているかどうかを常にチェック。料理の完成度、盛り付け、色合いや量、器の向き、提供時間などに注意したい。

お客様の不満ワースト2は、提供時間の遅さである。特にランチはスピードが命だ。店長がデシャップ（キッチンとホールを繋ぐ窓口部分）でコントロールするケースも多いだろう。できるだけ厳しい目で見つめ、出来が良くなければやり直しの指示が必要だ。

ちなみに私のクライアント先の女性店長は、料理の完成度が高かった場合、いつも「おいしそう！」と声を上げている。キッチンスタッフのモチベーションは、間違いなく上がる。

⑤ 全体の流れ（入口周辺チェック）

店長は、店内全体の流れを常に把握していなければならない。ピークタイムには料理の素早い提供や気配りサービスがスムーズにできているかどうかをつかみ、滞りそうなポジションが出た場合、他のスタッフを応援に行かせたり、店長自身がサポートに入ったりする必要がある。

また、入口周辺はお客様のお迎えとレジ精算が重なって混雑しがちなので、お客様に不快感を与えないように配慮したい。店長は、どこで作業をしていても天井に目が付いていているがごとく全体を俯瞰し、5分後、10分後の状態を先読みしながら、最適な指示を出していくべきである。

12 健全な店を目指せ！（店舗運営状況）

次ページは健全な店から荒れた店までの状態を表した表である。各レベルの状態がよく分かり、比較しやすいだろう。荒廃初期兆候の内容にドキッとした店長はいないだろうか？

たとえ現在は健全な状態の店であっても、安心していてはいけない。少し油断をすると荒廃は忍び寄る。そもそも現場の荒廃現象は1日や2日で急に現れるものではない。荒廃は小さな兆候に始まり、対処をしなければどんどん店を蝕んでいく。店長はこの兆候を見落としてはならない。

そのためにも、お客様の日々の声や小さなクレームをこまめにキャッチし、オペレーション改善を実施していきたい。早めに対処すれば、「健全な店」への回復は決して難しくない。荒廃初期兆候の店ならば、店長のリーダーシップとコミュニケーション次第で見違えるほど優れた店にもなり得る。

飲食店は「労働集約型産業」と言われている。人の動きによって成立する仕事だけに、

	店舗運営状態	店長の姿勢	従業員の態度	教育
健全な店	**入店第1印象に活気があり、従業員が生き生きとしている** • 入口に注意が行き届き、いらっしゃいませ」「ありがとうございました」という活気に満ちた声が出ている。 • 笑顔とアイコンタクトで接客している。 • 従業員同士のチームワーク・連携が良く、お互いに協力し合っている。 • 手が空いた時、率先して清掃活動を行っている。 • お客様に集中している。	**「顧客満足」の使命感を明確に持っている** • リーダーシップを発揮できている。 • 優先順位を考え、率先垂範で仕事に取り組んでいる。 • スタッフと十分にコミュニケートできている。 • ありがとうカードを導入してモチベーションを上げている。	**仕事に誇りを持って働いている** • 躾・勤務心得が身に着いている。 • 従業員同士の挨拶を励行している。 • 従業員の身だしなみは常に清潔で上品である。	**ランクアップ制度が完全稼働している** • 朝礼・夕礼を毎日行っている。 • 新人教育に重点を置いている。 • 育成計画に基づき、計画的にＯＪＴを実施している。
荒廃初期	**来店ごとにサービス、品揃え、清潔さにバラツキが出はじめている** • 入口周辺にゴミがあり、窓ガラスも汚れている。 • 接客時にお客様の顔を見な	**苦手なタイプの部下を指導できない** • パート／アルバイトの育成を考える余裕がなく、指示しやすい一部の人ばかりに頼る。	**従業員同士の挨拶がきちんと行われなくなった** • 仕事上のミーティングがほとんどなく、改善案も出さ	**教育はできたらやるという姿勢で、新人戦力化が遅い** • 人によって教え方が違う。 • 新人教育が不十分

兆候	いことがある。 ・接客態度に元気がなく、お客様に気を配るなどの集中力に欠ける。 ・手が空いた時の私語・雑談が増えはじめた。 ・クレームの発生件数が増えはじめた。	・従業員の頭数だけ揃え、後は仕事を任せっぱなしで、全体の状況が見えていない。	れない。 ・休憩室の整理・整頓を、誰も率先して行わない。	で、クレームが多発し、すぐに辞めてしまうケースが目立つ。
荒れた店	**従業員が教育されておらず、問題点が放置された状態にある** ・店内外やトイレの汚れが目立つ。 ・無言で接客する。 ・従業員がすぐに言い訳をしたり、感情を表に出す。 ・商品に鮮度が見られず、季節の野菜やフルーツにも瑞々しさがない。 ・店の商品をムダにしたり、持ち帰ったりする。	**目標を見失い、毎日を受け身の姿勢で過ごしている** ・従業員間の情報がほとんど入って来ない。 ・問題点に対してどこから手を着ければいいのか分からず、自信をなくしている。	**無断欠勤・遅刻が日常的に発生している** ・「働いてやっている」という意識があり、店長の困った顔を見ても意に介さない。 ・店を仕事以外のたまり場として使っている。	**まともな教育訓練ができていない** ・フードサービス業は「労働集約型産業」であり、そのためには「教育」が最も大切だという意識・自覚が、店長に全くない。

まずは店を率いる店長の意識改革が求められる。常に健全な店を目指すことで、危機に強い店になっていただきたい。

過去最高売上を24ヵ月更新中の和食レストラン

「健全な店」の状態をキープする、和食レストランの実力女性店長の活動を紹介する。この店は24ヵ月連続で2ケタ成長しており、社内記録を更新中である。

① 抜群のチームワーク

この店長が売上更新の一番の理由に挙げたのがこれ。スタッフの一体感があって、店の雰囲気が最高に良いとのこと。だが店長が異動してきた2年前は、女性スタッフ同士の関係が芳しくなく、いい雰囲気とはとても言えなかった。そこで店長は、スタッフ同士が直接ぶつかってトラブルにならないよう、批判や不満がある場合はすべて店長に言ってほしいとお願いし、問題を1つずつ解決していった。

また、朝一番に大きな声で挨拶することを徹底させ、返事の状態によっては面談を実施。朝礼では店長が率先して元気いっぱいの姿勢を示した。店長自身が休日を利用して出掛けている様々な飲食店の事例を話して、具体的に理解してもらったという。

主力メンバーとのミーティングも頻繁に実施した。やがて彼らから全スタッフへ、スムーズに指示が行き届くようになった。

②　常連客の増加

この店は常連客が8割を占める。オープン当初から20年間働いているベテランスタッフは常連客を300人以上認識し、客席のお客様に手を振り続けている。もちろん店長にも紹介してくれるので、この2年間で店長も相当数の常連客を覚えた。

宴会や法事、誕生日会などの利用もかなり増えた。リピーターの証であるポイントカードを提示してくれるお客様1人ひとりに対し、スタッフは皆、日々感謝の気持ちを込めて頭を下げている。

③　新規客への集中対応

「新規客は最高のチャンス」と店長は言う。新たな常連客をつかむことができれば、売上は確実に上がるのだ。

お客様にとって初来店の印象は大きい。このため、新規客には全員で集中して応対する。料理のレベルから盛り付けの美しさ、最高の笑顔での接客、おすすめメニューの説明、お客様を喜ばせる会話、店の外までの丁寧なお見送りまで、完璧を目指すという。

④ 丁寧な商品説明を徹底

この店ではお客様に対し、非常に丁寧に季節メニューの紹介をする。食材や一品一品の調理方法までしっかり説明する。季節メニューのシェアはいつも20％を超える。これは社内トップの数字だ。

店長は学生スタッフに対する対応も丁寧だ。「商品説明がしっかりできたから、お客様が注文してくれたね。おめでとう！」と、具体的に話しながら褒める。こういう励ましが自信に繋がり、おすすめ上手になっていくのだ。看板メニューやおすすめメニューが売れると売上は確実に上がる。徹底して褒め、徹底的に売り込もう！

お客様への心配りと声掛け

この女性店長がサービスで最も大切にしているのは、心配りである。大げさなことでなく、履物を揃える、お客様が薬を取り出したらすぐ白湯をお出しする、赤ちゃんのための座布団やミルクの準備をする、雨の日にお客様の衣服が濡れていたらタオルで拭くなどの、ちょっとした心配りのことだ。

お客様が来店したら、レジ付近で待って「いらっしゃいませ」と言うのではなく、自ら入口まで速やかに出向いてお迎えし、最高の笑顔で挨拶する。新しいお客様を同伴した常連客がお帰りの際は、「○○様、本日もありがとうございました」と、大切なお客様であることが同伴者にも分かるよう、きちんとお礼を述べ、できる限り外まで出てお見送りする。そんな1つひとつの心配りが重要なのだ。

お客様への声掛けにも一工夫。特にお子様連れの方には「可愛い女の子ですね。お父さん、将来は手放したくなくて大変でしょうね」「立派な男の子ですね。そのうちご一緒にお酒を飲めますね」というように、喜ばれるような声掛けをしている。

「健全な店」とは、すべてのスタッフがこのようなきめ細やかな心配りでお客様に接することができる店をいう。そのためにはスタッフ1人ひとりが高い意識を持って仕事に臨み、チームワークを発揮する必要がある。もちろんそれができるよう、店長がしっかりサポートしなければならない。

13 できるスタッフとできないスタッフの指導法

できるスタッフの指導法

人が人を動かすというのは大変難しいことだ。店長は何人もの部下社員や何十人ものアルバイトスタッフを動かしていかなければならない。若い店長が、自分の母親ほどの年齢の人を指導するケースも少なくない。

指導の仕方を誤ると、仕事のできるスタッフは調子に乗って天狗になってしまう場合がある。私も20代の店長時代にアルバイトリーダーを褒めすぎて少々自惚れさせ、他のスタッフとの間に不和を生じさせるに至った経験がある。

できるスタッフを指導するには、3つのポイントがある。

① スキルのハードルを上げる

これまでより難しい課題や責任ある仕事（発注業務やワークスケジュール作成、新人教育など）を任せて、さらなる成長を図る。

② 適切なアドバイスをする

適切なアドバイスとは、そのスタッフが気付かない視点からのアドバイスのこと。例えば、常連客の変化（髪型・服装・好きなメニュー・記念日・商談結果など）に気付かせ、どう対応するか（一言メッセージの伝え方など）をアドバイス。

③ 問題行動があればすぐに指導

スタッフが辞める理由の１つは、「ベテランスタッフの態度の悪さ」だという。できるスタッフが上から目線で新人や中堅スタッフに指示をしている場合は、店長としてすぐに指導する必要がある。

①の例を挙げよう。あるオイスターバーの女性店長は、ベテランスタッフのスキルを向上させるため、責任ある仕事を任せるようにしていた。例えば、ホールとキッチンそれぞれのクレンリネス担当、ホームページ・フェイスブックを更新するウェブ担当、毎日の仕入れを記録する買掛表担当、新人教育担当、オープン作業やクローズ作業のマニュアル作成担当などだ。仕事を任せることで責任感はどんどん高まる。他のスタッフや社員に対しても責任者として指示が出せるまでになるという。

また、全スタッフに名刺を持たせたところ、それぞれお客様と名刺交換をし、名前で呼び合える関係を築いて、サービスの質を上げるようになった。名刺を持つことでプロであることを意識し、責任感を高めていったのだ。

②の例として紹介したいのは、寿司・しゃぶしゃぶ食べ放題の店の女性店長のアドバイスである。この店はオープンして半年を迎えていた。1年を経過するとベテランスタッフには慣れによる気持ちの緩みが出がちだ。「心の鮮度」が落ちはじめる前に、この店長は次の3つの方法で店を変えていった。

1) 店長自ら心の鮮度を高め、常に生き生きワクワクするように努める。

2) スタッフに対して、褒めるポイントを変えていく。また本人が新しい気付きやときめきを感じられるよう、新しい視点での刺激を与える。

3) お客様アンケートの「スタッフへのお褒めの言葉」を掲示し、全スタッフに刺激を与えてやる気を促す。

このようにして、「グランドオープンの気持ち」を継続させていくのだ。

③の問題行動について、あるラーメンチェーンの店長から店長セミナーの際にこんな相談を受けた。仕事はできるし信念も持っているが、熱心すぎてややもすると他のスタッフ

に対して厳しくなりがちな女性スタッフがいる。そういう態度を他のスタッフには理解してもらえず、孤立している。態度を和らげて他の人との関係が向上するよう、店長は何度も彼女と面談して説得を試みたが進展がなく、諦めかかっているという。

私はその店長に、「人は、他者を認めて褒めて感謝することで成長する」ことを彼女に説き続けるようアドバイスした。店長がそれを繰り返し伝えていくうち、彼女の態度が少しずつ変わりはじめた。それを他のスタッフが徐々に感じ取るようになり、本来のすばらしい素質を含めて、みんなが彼女の力を認めるようになった。やがて全員の応援を受けて、彼女は全店（200店舗）のホスピタリティコンテスト全国大会で優勝したのである。

できないスタッフの指導法

できないスタッフや新人スタッフに対してどのようにして指導していくか、これも店長セミナーでよく出る質問である。できないスタッフの場合、過去のミスがトラウマになっていることもある。小さな成功体験を積むことで、解決に繋がるケースが多い。

①　小さな成功体験で自信を持たせる

大きな進歩や快挙を成し遂げなくても、ちょっとしたことでお客様に褒められたり、店長に認められたりするだけで、自信に繋がることが多い。店長は小さな成功にも目を留めて、褒めるようにしよう。

② 少しの進歩や前向きな発言をしたらすぐに褒める

出勤時の挨拶の声が大きくなった、少し笑顔が出るようになった、手が空いた時に掃除をしていた…等々、いつもより少しでも進歩が見られたら、すぐに褒めて自信を付けさせよう。

③ 元気がない時はすぐに面談する

あるチェーン店の店長は、出勤時に元気がないように見えるスタッフがいたら、すぐに面談をしている。そのままシフトインしてお客様の前に出ても、良いサービスができないと思うからだ。スタッフが不安そうな顔やネガティブな発言をしたら、店長は速やかに面談しよう。

ある食堂（超繁盛店）の事例を紹介しよう。

やんちゃな17歳（女性アルバイト）

ある時、支配人のところに、「○○食堂さんで何とかこの子を預かってもらえないだろうか」という依頼が入った。高校中退後、アルバイト先で問題行動を起こした女の子のことだった。

支配人は彼女と面談し、笑顔が出ているのでとりあえず接客はできると考えて引き受けた。本人には「うまくできなくても、一生懸命やればみんなから可愛がられるよ」とアドバイスし、少しでも良いところを見つけては褒めて、やる気を促し続けた。注意する時もまずは褒め、支配人の話を素直に聞ける状態になってからにした。

この店では2階から1階に筒を通して伝票を落とす仕組みがあるのだが、ある日その筒に伝票が詰まり、注文が通らずに料理提供が滞る事態が起きた。他の仲居さんたちが慌てふためく中、彼女は2階の伝票を猛スピードで書き直し、走って調理場に持っていったのである。この判断と行動の早さに支配人はびっくりし、「お前はすごい。お前のおかげで料理がスムーズに提供できた！」と、大いに褒めた。そしてその後も、ことあるごとにこの出来事を引き合いに出して彼女を褒め続けた。

それから1年。彼女の仕事ぶりはぐんと上達した。「将来は社員にしたい。彼女には期待しています」と、支配人は語る。この食堂でアルバイトすることで、彼女の人生は「何とかしてほしい」ものから「人に期待される」ものへと変わりはじめたのだ。

14 強い店に変える経営者・店長のリーダーシップ ～EQの高い店長はここが違う～

店長のリーダーシップ

「リーダーシップ」とは、組織を統率する指導者としての能力や資質のことである。私は、スタッフがのびのびと働けて成長できるような環境を常に提供する力こそが、真のリーダーシップだと考えている。

店長に求められるのは、店の改革のために自ら先頭に立って行動し、スタッフや部下社員を励まして、より良い店づくりを進めていくパワーである。「この人に付いていけば、仕事が楽しくなるし自分が成長できる」と、スタッフに思ってもらえるような店長でありたいものだ。

成功したマネージャーについて、ハーバード大学が調査したところ、成功の要素は①専門技術5％、②専門知識10％、③態度・姿勢・人との接し方85％という結果になった。リーダーの重要な要素は、技術や知識よりも人間性なのだ。

元アサヒビール社長・樋口廣太郎氏も、「声が大きくて、ニコニコと明るくて、チョッピリ知性があれば、大概のことはうまく行く」と、リーダーへの道を人間性重視の視点から語っている。

リーダーシップ発揮の心得と具体的方法

では、店長としてリーダーシップをいかんなく発揮するにはどうすればよいか。以下、具体的な方法を挙げたので、参考にしていただきたい。

- 模範的な身だしなみ・態度を心掛ける
- 朝も夕も店長自ら率先して笑顔で挨拶し、先頭に立って顧客満足の向上に努める
- 自由と規律のバランスを重んじ、明るい店づくりに努める
- どのスタッフ（部下）にも公平に接し、毎日全員とコミュニケートする
- 常に店のチームワークづくりに配慮する
- スタッフ（部下）1人ひとりの強みを見つけて褒め、時には厳しく指導する
- スタッフ（部下）1人ひとりにチャレンジ目標を与え、成功を心から喜ぶ
- できるスタッフ（部下）には、権限を与えていく

・スタッフ（部下）の悩み事を親身になって聞き、共に解決しようと努力する
・スタッフ（部下）との約束はきちんと守り、スタッフにも守らせる
・フードサービス業の技術・知識の向上に努める
・店の問題点への対策を、スタッフ（部下）と一緒に考える

新しい時代のリーダーシップ

トム・ピーターズの著書『マニフェスト』（ランダムハウス講談社）の中に、「リーダーシップの過去と現在」という章がある。これをもとに、新しい時代に生き残る新しいリーダーの姿をまとめてみた。

過去		現在
指令と統制・統治	↓	説得と拍手・励まし
計画・計画・計画	↓	実践・実践・実践
命令・指示・手出し	↓	ヒーロー発掘・才能育成・任せる
トップダウン式	↓	草の根式

規則・管理・人が重要 → 人間関係・権威委譲・人がすべて

命令・統制・トップダウン式・管理は、もはや古い時代のリーダーシップ。賞賛・共感・草の根式・ヒーロー育成が、これからの時代を担う新しいリーダーの姿勢なのだ。

南アフリカ共和国の元大統領、故ネルソン・マンデラは、著書の中で「リーダーは羊飼いのようなもの」と語っている。羊飼いは、一番機転の利く羊を先頭に立たせて残りはその後を付いていかせ、自分は群れの最後に位置し、背後から方向を指示していることは決して悟られないようにするという。

これまでのリーダー像は、前に立って指揮をとるスタイルが主だった。だが先頭に立つのがいつでも同じ人である必要はない。場面に応じて、その分野に長けた人が先頭を行けばいい。ただし、集団をまとめていく役割を担うリーダーは常に必要。これが、背後から全体の様子を見ながら指揮をする新しいリーダーシップのスタイルだ。

もちろん、リーダーが先頭に立ったほうがうまく行くケースもある。時と場合に応じて先頭にも背後にも立てる能力が、リーダーには求められる。マンデラ自身は基本的に背後からの指揮を選んだが、必要とあらば先頭でも指揮をした。

ＥＱの高い店長はここが違う

ＥＱは〝Emotional Intelligence Quotient〟の略で、直訳すると「感情知能指数」となる。相手の気持ちを感じ取れる能力のことで、「心の知能指数」とも呼ばれる。現代のビジネスに求められる能力の割合はＩＱ２割、ＥＱ８割と言われるほど、重要な能力だ。

店長の基本的な役割は、店全体に良い雰囲気を醸成して、チームを前へと導くことである。そのためにはチームワークを大切にし、一人ひとりの長所を引き出し、顧客満足度を向上させ、客数を増やす必要がある。そういう時に求められるのがＥＱの高さだ。

ＥＱが高い人とは、「いつもあなたのことを考えています」というメッセージを相手（お客様やスタッフ）に伝えることができる人のこと。私はフードサービス関連の雑誌連載のため２５０人もの実力店長を取材してきたが、どの人にも共通する能力として強く印象に残るのが、このＥＱの高さである。人間的な魅力もこの能力から生み出される。

以下、これまでに取材した店長たちの中で、特にＥＱの高さが印象に残っている人を紹介する。

・アルバイトリーダーからの手紙

ハンバーグレストランの店長が他店舗へ異動する時、アルバイトリーダー（時間帯責任者）の女性スタッフからもらった手紙にはこんなことが書かれていた。「4年前に○○店長が着任した時、私は正直言ってこの店にあまり思い入れがなく、やりがいを感じていませんでした。それから日々を重ねる中で、何にでも一心不乱に努力する店長を見てきました。どんなささいな出来事にも真正面から向き合い、受けとめ、考え、誠意を見せてくれる店長の姿勢がこの4年間を繋いでくれたのだと、深く感謝しています。そして沢山のお心遣いや温かいお言葉、手紙、本当にありがとうございました。…（中略）…店長から頂いた時間帯責任者という肩書きをかみしめ、皆さんにとって良き存在となるために、私なりに頑張ってみます」

小さなことに努力を惜しまない店長の姿や、それに刺激を受けてスタッフが日々成長していく様子が、文面を通してしっかりと伝わってくる。

・大切な人への感謝の手紙

焼鳥チェーンのオープニングマネージャーは店長時代、スタッフ全員が「大切な人に感謝の気持ちを伝えられる人間」になってくれることを望んでいた。そういう人間はお客様に対しても感謝の心で接することができるからだ。だからオープン前の研修ではいつも「一番大切にしている人への感謝の手紙」を書かせていた。

ある時、1人の男子学生が手紙を書きながらはらはらと涙を流しているのに気づいた。上京して1人暮らしの彼は、手紙を綴るうち、これまで両親の支えがいかに大きかったかを痛感したのだ。書き終わっても泣きやまない彼を、店長は思わず抱きしめたという。

感謝の手紙は連鎖する。全スタッフの親からも「お店の教育に感謝しています」というお礼の手紙が続々届いた。その連鎖はスタッフとその家族に留まらない。店長自身が店長としての自信を失いかけた時期があり、数日間の休暇を取って帰省した際に彼女を待っていたのは、「手紙がいっぱい届いているよ」という母の言葉だった。なんと、アルバイトスタッフ25人全員から、手紙が来ていたのである。店長の様子がいつもと違うのをスタッフたちは察していた。感謝の気持ちを伝える大切さを教えてくれた店長に、今こそ自分たちが感謝の言葉を贈ろうと、全員が手紙を書いてきたのだった。しかも「こんなすばらしい店長を生んでくれてありがとう」というご両親宛ての手紙まで添えて。

このようにスタッフ全員が人の心を汲み取れる人間に成長し、積極的に行動できるのは、毎日〝人〟と接しながら多くを学ぶ「飲食店」という現場で働いているからこそだ。店長がそれを常にスタッフに意識させるよう指導するとともに、自ら手本となる行動をしていれば、スタッフは必ず成長を遂げる。

ＥＱの高い店長たちは皆、いつも自分よりも相手のことを大事にしている。ＥＱの高い人を目指すなら、大事にする比率を自分が3、相手が7と考えよう。（人に）認められたい気持ちが3、（人を）認める気持ちが7と置き換えてもいい。私たちはともすれば自分が認められることばかり優先しがちだが、認めることによって相手が喜んでくれることを忘れてはならない。人の心を動かすなら、まずは相手を認めることから始めたいものだ。ここで紹介した店長たちの姿勢や行動が、皆さんにとって良き指針になることを願う。

〈ＥＱを強化するためのチェックリスト10項目〉

- 意識してポジティブな言葉を使う。
  「大好き」「嬉しい」「ワクワクする」「ついてる」「すばらしい」
- 1日10回、「ありがとう」を言う。「ありがとう」はＥＱを象徴する言葉であり、最も美しい言葉である。

- 1日1回、誰かのサポートをする。「一日一善」。
- 拍手でスタッフを称賛する。朝礼やミーティングで、頑張った人を称えよう。
- 笑顔と明るく大きな声で全員に挨拶する。ワンスマイル・ワンメッセージを習慣化しよう。
- 毎日、全員の良いところを褒める。褒め言葉をたくさん使って周囲を元気づけよう。
- スタッフの話をしっかり聞く。心の距離感を縮めよう。
- 苦手な上司や同僚に笑顔で挨拶する。相手との関係をより良好なものに変えていこう。
- やりたいことを予定表に書き込み、常に意識する。ＥＱを高める上でとても大切だ。
- 積極的に握手をする。相手との親近感を生み出すために、握手を上手に活用しよう。

ＥＱの高い店長の指導力でスタッフを戦力化すれば、優れたスタッフが次々と誕生するはずだ。あなたの奮起に期待する（『ＥＱ　こころの鍛え方』高山直著、東洋経済新聞社、参考）。

第3章

アフターコロナを見据え、原点に返って立て直す

ゴーイングコンサーン（継続企業の前提）という言葉がある。企業には将来にわたって事業を継続していく社会的使命・責任があるという意味で用いられることが多い。だが現実には、勢い良く店舗を増やしていった飲食店や、チェーン展開していたはずの企業がいつしか衰退（最悪の場合、倒産）してしまう…そんな例が後を絶たない。

今回のコロナ禍は、営業時間の短縮要請や自粛によって、居酒屋や駅前・繁華街の飲食店の売上が大幅に落ち込み、非常に厳しい状態をもたらした。飲食企業の多くが多額の借入れを実施したが、アフターコロナになっても返済が続くことを考えると、経営者の心労は計り知れない。

商品にライフサイクル（導入期・成長期・成熟期・衰退期）があるように、企業にも寿命があると言われる。「企業30年説」が通説になっているが、飲食企業の場合は10年、いやわずか5年で衰退していくことも珍しくない。飲食企業・飲食チェーンが早期に衰退期を迎えないためには、成熟期にどんな対策・イノベーション（新しい価値・変革）を打ち出すべきだろうか。アフターコロナを見据えて、進化・継続していく方策を考えたい。

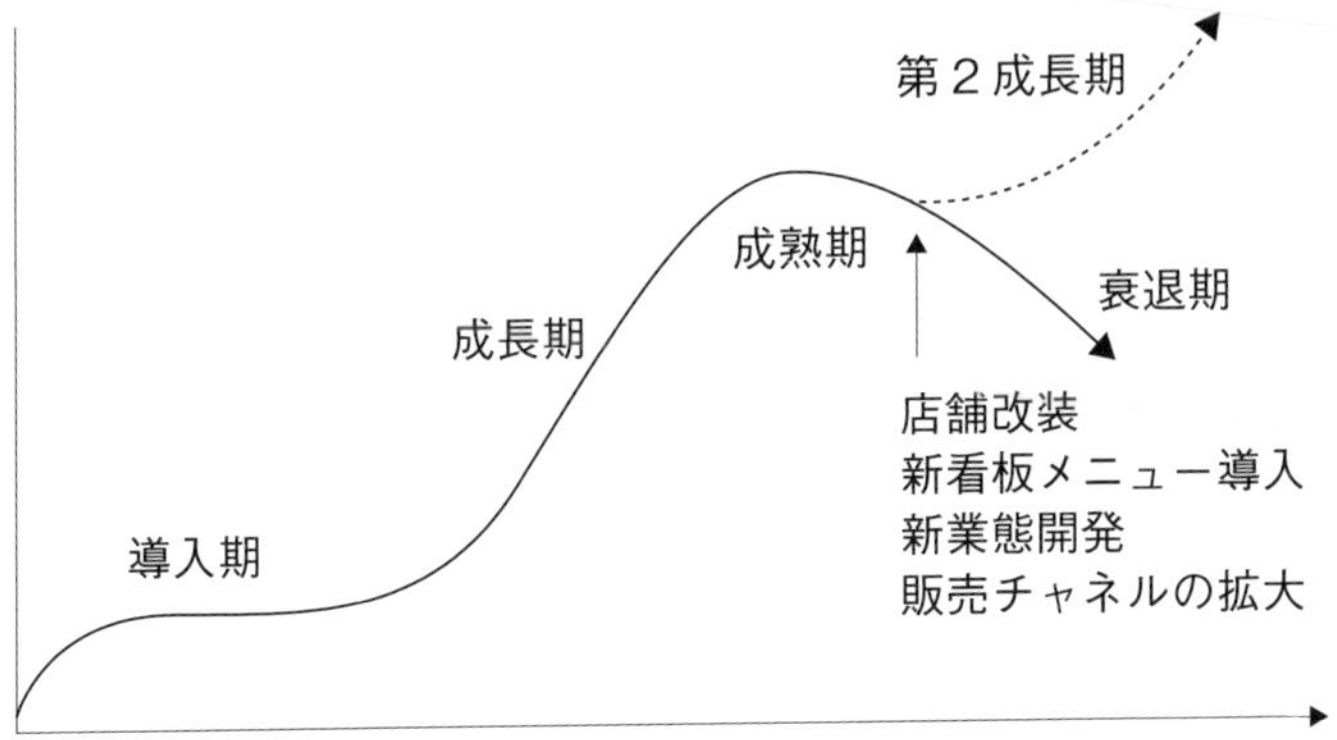

▲ライフサイクルの図表

成熟期から第2成長期を目指す

ライフサイクルの図表は、成熟期から衰退期へ入る、または第2成長期へ向かう流れと、衰退しないために経営者がすべきことを表したものである。10～20年経過すれば店は徐々に老朽化し、何もしなければ毎年少しずつ売上が落ちていくことになる。数年後には30％もの低下を招き、損益分岐点を割り込んで、気付けば赤字転換という企業も少なくない。それを防ぐためには10年に1回程度、新たなコンセプトのもとでデザインを一新（店内外の改装）することが必要だ。

あるファストフードチェーンが衰退期に差しかかった際、店舗改装によって巻き返しに成功した事例を紹介する。

このチェーンは米国から上陸し、400店舗を達成した頃、売上が低下しはじめた。店舗数も100店ほど減少した。ブームが去ったのだろうと、当時私は思った。その時にこのチェーンが行ったのは、加盟店契約制度の大幅変更だった。FC店の売上向上のため原価を大きく下げるとともに、収益性改善を図るためにロイヤリティと広告宣伝費を徴収した。その差額から出た利益でFC店の改装を全店にお願いし、新しいコンセプトのもとでデザイン一新の大改装を実施。見事に売上が上がった。

当時ショッピングセンターが急増しており、そのフードコートへの出店も店舗数拡大に大きく貢献し、1000店舗体制にまで成長したのである。

もう1つ、新しい看板メニューの導入によって、私のクライアント先のラーメンチェーンが復活したストーリーを紹介しよう。

郊外の大型店（1号店）が爆発的に売れ、月商は3000万円を超えた。そこでFCも含めて出店を拡大。既存店の売上前年比も5年間伸び続けていた。ところが次第に売上の伸び率が下がり、ついに前年割れが始まった。

商品開発部長がABC分析を行ったところ、どの商品も販売が減っている中で、B商品の1品だけが伸びていた。その商品は1品1品鍋で作業しなければならず、効率の悪い商品だったのだが、今後さらに売れると予想し、メニューブックの最も目立つ位置に看板メニューとして掲載した。ファサードや大看板でも、このメニューを一番に打ち出した。やがてこのメニューのシリーズだけで商品構成の70%を超えるに至った。そして全体の売上がまた伸びはじめ、それから5年間連続で既存店前年比が伸び続けたのだ。新しい看板メニューの導入により、第2成長期に入った好例である。

1つのブランドで500店や1000店を目指すのはチェーンストアの原理原則だが、リスクの回避と企業拡大のためには2つ目・3つ目の新業態開発が必要である。新業態開発が成功すれば企業の第2成長期、第3成長期に入ることができる。第1章で紹介したテイクアウト、デリバリー、二毛作、ゴーストレストランなどにより、販売チャネルの拡大を図ることも可能だ。

現在の苦境を乗り越えた後、アフターコロナをどう展開していくか。第3章ではそのヒントとなる戦略について解説していく。店長として飲食店の王道（原点）をいかに極めるか、コロナ禍の只中にある今こそ大事にしたい「基本の徹底」について説明する。

1 繁盛店の方程式

Q（商品力）×S（サービス力）×C（清潔力）×A（雰囲気）＝評価

QSCは繁盛店の基本である。Aは「Atmosphere（アトモスフィア）＝雰囲気」のこと。ある場所の空気や大気、雰囲気、環境といった意味だが、店舗のようにサービスを提供する場では、スタッフの接客やチームワークなどから醸し出される空気感・ムードなども含まれる。

「店の空気が売上をつくる」と言われる。スタッフが生き生きと笑顔で楽しく接客していれば、その空気がお客様に伝わって、さらに人を呼び寄せるからだ。売上を上げ続けている優秀な店長たちは皆、「この店のスタッフはみんなとても楽しそうに仕事をしているね」とお客様から褒められる。

私は店長セミナーの際、しばしば店長の皆さんに「QSCAをそれぞれ5点満点とすると、あなたの店は何点ですか？」と尋ねている。「5点（Q）×4点（S）×3点（C）

×2点（A）」のように答えてもらう。もちろんすべて5点であるのが理想だが、数千人の店長に聞いてもそのように答えた人は1人もいない。一般的な答えは「3（Q）×4（S）×2（C）×4（A）」である。清潔力（クレンリネス）に弱い店が多いようだ。

実はこの質問を続けるうち、ある興味深い数字に気付いた。A（雰囲気）が4ならS（サービス）もほとんど4、Aが2ならSも2というように、AとSの点数がほとんど同じになるのだ。Aが1でSが5になることはまずない。ある居酒屋チェーンの店長15人にこれを尋ねたところ、AとSの点数が全員同じになり、驚いたことも。

店の雰囲気とサービス力には深い相関関係があるということだ。店長とスタッフの関係や全体のチームワークが良ければ店の雰囲気も良くなり、笑顔や活気に満ちたきめ細かいサービスが実現できる。サービス力を上げたければ、まず店の空気を良くしよう。

QSCAすべてに5点を付けることができる店長は極めて少ない。1点や2点の項目もあるかもしれない。トラブルやクレームの発生しやすい1点や2点の項目は早急に2点や3点にする対策が必要だ。次に3点を4点に、そして4点を5点にするという、地道な努力が求められる。5点の項目が増えれば繁盛店へと繋がるのだ。

強み・弱みが分かる自店チェックシート

以下は、商品力・サービス力・清潔力・雰囲気の4分野に関するチェックシートである。自店の強み・弱みを分析するために活用しよう。

商品力

1 マニュアル・レシピに基づきスタンダード（基準）通りの料理を提供している □
2 店の規定通りの提供時間内にすべて提供できている □
3 キッチンのオペレーションレベルは高くスピーディーである □
4 看板メニューの商品シェアは1品で15～20％を超えている □
5 看板メニューの品切れがないように発注コントロールしている □
6 料理やスープの味をチェックしている □
7 看板料理を見た瞬間、お客様は笑顔になり、歓声が上がる □
8 料理の盛り付けの美しさにこだわっている □
9 料理について、お客様の声（満足度）を聞いている □

10　商品力は5点満点中5点だと言える　□

サービス力

1　入口に集中し、お客様が店に入った瞬間、活気ある挨拶ができる　□
2　笑顔率は80％以上である（笑顔で接客ができている）　□
3　全スタッフの身だしなみが清潔できちんとしている　□
4　スタッフがその日の目標やおすすめ商品を知っている　□
5　新規客か常連客かにより、おすすめ商品を変えている　□
6　お客様から「すみません」の声は出ていない　□
7　常連客にはきちんと挨拶でき、好きな料理も把握している　□
8　スタッフ全員がよく教育され、心のこもったおもてなしを実践している　□
9　クレームがあった場合、誠意とスピード感を持って対応している　□
10　サービス力は5点満点中5点だと言える　□

清潔力

1　店全体の清潔感を常に維持している □

2　店の内・外装は定期的にリフレッシュのための改装（投資）をしている □

3　ファサードの看板・窓ガラス・のぼり・ポスターはきれいである □

4　トイレのクレンリネスは完璧である □

5　デイリー・ウィークリー・マンスリーのクレンリネスチェック表を活用している □

6　店の周辺の清掃活動を積極的に行っている □

7　バックヤード・更衣室・下駄箱はよく磨かれている □

8　5S（整理・整頓・清掃・清潔・躾）を徹底している □

9　季節のディスプレイや店内の小さな改善など良いと思ったことは実行している □

10　清潔力は5点満点中で5点だと言える □

雰囲気・空気感

1　朝礼・夕礼を毎日明るく元気に行っている □

2　月に1回、全体ミーティングを実施している □

3　新人スタッフの表情は明るい　□
4　店長の毎日のコミュニケーションの量が多い　□
5　褒めることを毎日の習慣にしている　□
6　スタッフの提案を店舗運営に活かしている　□
7　「ありがとうカード」「表彰制度」が稼働している　□
8　面談を定期的に実施している　□
9　店全体にさわやかな挨拶が行き届いている　□
10　雰囲気は5点満点中5点だと言える　□

（『日経レストラン』参考・加筆）

2 看板メニューの商品シェアは20％以上

看板メニューとは、顧客満足度の高い人気商品で、店の強い武器になるもののこと。繁盛店には必ず看板メニューがある。「あのレストランの名物ハンバーグ」や「あのイタリアンのマルゲリータピザ」のように、「あの店のあの一品」と呼ばれるような記憶に残る看板メニューが必要だ。強い看板メニューは、それ一品で商品構成の20～30％以上を占める。

第1章で紹介した「麺屋はなび」の台湾まぜそばはバリエーションが豊富で、台湾まぜそばシリーズとして商品シェアの70％を占める。丸源ラーメンの肉そばシリーズも70％を占める。「ステーキライスの店センタービーフ」のステーキライス（S・M・L）は80％のシェアだ。居酒屋はメニューが多いので看板メニューの構成比は低くなりがちだが、それでも「肉汁餃子のダンダダン」の焼餃子1品で14％、「世界の山ちゃん」の手羽先は20％、「餃子の王将」の餃子も20％である。また、構成比は公表されていないが「回転寿司スシローの不動の人気ナンバー1メニューはまぐろだ。圧倒的な強さを持つ看板商品があるの

	メニュー品目	構成比率	
1	キングオブ肉汁ハンバーグ	20%	→ 1品で20%以上
2	手ごね肉汁ハンバーグ	10%	上位5品で40〜50%
3	トロトロ絶品ロールキャベツ	8%	
4	ホタテ貝柱のクリームコロッケ	7%	
5	自家製ハム・ソーセージ	5%	

は、繁盛店の条件である。

〈看板メニューの重要性〉

① お客様に認知されやすく、新規客を獲得できる
② インパクトが強く、リピーターを増やす効果がある
③ 看板メニューの魅力で、記念日や忘年会利用でも選ばれる
④ 口コミが発生しやすくSNSで情報が拡散される
⑤ テレビ・雑誌・地域のタウン誌で紹介される

上記のハンバーグ専門店では、1位のキングオブ肉汁ハンバーグの商品シェアが20%を超えている。これら上位5品で40~50%を占めれば、看板メニューが明確なレストランと言える。ハンバーグ専門店の場合、ハンバーグシリーズだけで70%を超えることもある。

〈売れる看板メニューのポイント〉

① そのメニューがお店のコンセプトに合致している
② ネーミングに特徴がある
③ 価格以上の価値がある
④ 五感を刺激するおいしさがある
⑤ オーナー（料理長）の想いがこもっている

上記のようなポイントが考えられるが、いずれもお客様にとって分かりやすく、納得しやすいことが大切だ。

おいしさを感じてもらうには、ワクワク感の演出も必要である。ボリューム、シズル感、季節感、温度、盛り付け、香りなど五感に訴えたい。特にＶＭＤ（ビジュアルマーチャンダイジング＝顧客の関心を集めて販売を促す視覚的手法）は重要だ。商品を見やすく、分かりやすく、できたてのライブ感たっぷりに、強いインパクトで提供しよう。

例えば、オープンキッチンでシェフがハンバーグを焼けば、その立ち姿や炭焼きの煙が目に飛び込み、あたりは肉の焼ける音や香りに包まれる。テーブルに運ばれてくるハンバーグは、鉄板の上でジュージューと音を立てている。スタッフがかけるソースが熱々の鉄板の上で弾け、ナイフを入れる瞬間が待ちきれなくなる。そんな素敵な演出をしたい。

3 店舗ファサードは店の顔

ファサードにインパクトがあるか!?

店舗ファサードは店の顔である。店の第1印象はファサードで決まると言ってもいいだろう。あなたの店のファサードには、人を惹きつけるマグネット効果があるだろうか。「何屋」なのかが一目で分かるだろうか。店舗の存在感が十分に感じられる佇まいだろうか。初めてのお客様にはもちろん、コロナ禍でしばらく足が遠のいていたお客様にも再び選ばれるような、印象的なファサードにしたいものだ。

私が営業責任者として120店舗を担当していた頃、店舗巡回時に心掛けていたのは、このファサードの印象を点検することだった。市街地の店舗なら店の前に立って、また郊外の店舗なら100m手前から、サインポールがはっきり認識できるかをチェックしていた。もっと目立つ店にするにはどうしたらよいかと、常に考えながら回っていた。ある和風ファストフードのin看板を3倍の大きさにしたことで、売上が8%向上した経験もある。

最近の事例だが、入口に動画の電飾看板を設置したり、きれいなチョークアートを施したりして、売上が10％上がった。また私のクライアント先でも、ファサードのインパクトが強い店は、焼肉チェーン、ラーメンチェーン、居酒屋チェーンのいずれにおいても繁盛している。

魅力あるファサードとは？

①「何屋」なのかが明確

まずは何の店なのか一目で分かることが重要。最近は明確な主張のある専門店が伸びている。はっきりした店構えで表現したい。

②インパクトのあるデザイン（遠くからでも目立つ）

店のファサードは1つの広告であり、個性を感じさせるデザインが必要だ。あるハンバーガーチェーンの駐車場の壁に掲げられた横断幕には、縦8m×横8mのおいしそうな特大ハンバーガーがどーんと描かれていて、人目を引いている。

③主力商品が分かる

1日100食以上売れる（あるいは商品シェアの20％以上を占める）強い主力メニュー

〈ファサードチェックリスト〉

チェック項目	評価
①　看板サインが車から（郊外）、あるいは徒歩で（駅前）視認できるか	
②　ファサードで何屋かすぐ分かるか	
③　目立つデザインか	
④　看板メニューが分かりやすいか	
⑤　店内の雰囲気が伝わるか	
⑥　夜の照明は明るく入りやすいか	
⑦　入口周辺は清掃されているか	
⑧　置き看板でキャンペーンの状況が分かるか	
⑨　店内の案内図（席数）は掲示されているか	
⑩　営業時間・定休日のお知らせがあるか	

を持っていることが、店頭から伝わるようにしよう。あれもこれもと多くのメニューを掲示している店があるが、一番売りたいものがはっきり伝わらなければ印象は薄れる。

④ 看板メニューの価格

看板メニューの価格やメニュー構成が、店頭である程度分かるようにすることが重要。看板メニューの価格が分からないと、お客様は入店するのが不安になる。

⑤ 店内の雰囲気・客層が分かる

店内の様子が外から分かると、通りがかりの人や初めてのお客様は安心できる。どのような客層が利用する店なのか店頭で判断できると入りやすい。入口付近で足を止めたくなるような工夫が必要だ。

少し前、私のクライアントが焼肉・ホルモン専門店をオープンした。改装準備のため居抜き物件のチェックをすることになり、それに同行した。元ニクバル（居酒屋）の店舗で、窓1つなく閉塞的な印象を与える店だったため、入口横に大きな窓をつくって開放感のある店にしたほうがよいと社長にアドバイスさせていただいた。改装費はアップしたが、開放的な店に生まれ変わり、繁盛店となった。

⑥　キャンペーンや季節メニューが分かる

新商品のフェアや季節メニューなどを店頭で表示し、「何かやっているようだから入ってみようか」と思わせる雰囲気づくりをする。

⑦　照明を明るくし、清潔感を意識

ファサードにおいて照明の明るさはとても大切だ。照明が暗いと営業しているかどうか分からないことがある。私のクライアント先の居酒屋チェーンは、外の提灯の明るさを3倍にして売上を上げた。

4 常連客が売上をつくる

フードサービス経営専門誌掲載の「実力店長シリーズ」で、売上を向上させた大勢の店長の話を紹介してきた。優秀な店長の采配とスタッフの努力により、20～30%も売上を向上させた例は少なくない。そういう店では、必ずと言っていいほど「常連客が増えました」という声を聞く。

コロナ禍においても、多くの常連客から支持されている店は売上の戻りが早い。売上拡大の王道は、ロイヤルカスタマーをつくることだ。上位3割の顧客が売上の7割をつくるとも言われている。売上を向上させている店長は、常連客づくりに長けている。お客様は初めて入った店が気に入れば何度も訪れるし、友人や家族や仕事仲間も連れてくる。あなたもある店のファンになったら友人に紹介したくなるはずだ。こうして客数が増え続けていく。

ステーキハウスの店長を務めていた20代の頃、常にお客様の顔や名前を覚えることを意識していた。このお客様は2回目の来店だと気付いたら、「あ！　いつもありがとうございます」と声をお掛けし、笑顔と会釈で感謝の気持ちを表すようにしていた。

店長セミナーで「常連客が売上をつくる」話をレクチャーする際に、「どうしたら常連客をたくさん覚えられますか？」という質問がよく出る。ポイントは、お客様を覚えようとする意識の高さと会話の多さである。会話をいっぱい交わせばお客様の顔は覚えられるし、親しくもなれる。また常連客の名前は、予約リストやウェイティング表、アンケート用紙に記入されたものを見れば分かる。覚えようと意識して会話し、顔と名前を一致させるのだ。居酒屋や法人客の利用が多い店では、名刺交換することで名前を確認できる。

常連客づくりによる売上向上事例

・赤字店を黒字に転換～カフェの女性店長～

「まずは笑顔で一言、お客様に声を掛ける。これが基本」。売上を2ケタ伸長させ、赤字店を黒字店に転換させたカフェチェーンの女性店長は、スタッフにそう指導している。例えば、「今日は暑いですね」という時候の挨拶に始まり、お客様の服装がいつもと違うなら、「今日はお出掛けですか？」や「お召し物が汚れないようお気を付けくださいね」など気遣う。年配の常連客とは「お体の調子はいかがですか?」「いいよ。今日も病院に行ったんだよ」「お元気で何より」といった会話を交わし、最後に「明日もお待ちしています」とお見送りする。

こういう一言一言が常連客を増やしていくのだ。「人との繋がりを大切にしたいから、できるだけホールに出てお客様に笑顔で一言語り掛けるようにしています」と店長は言う。スタッフはそれを見て学び、実践しているのだ。

・500人の常連客～すべて覚えている支配人～

創業60年の老舗ハンバーグレストランは、常連客の多い超繁盛店。この店の支配人は500人もの常連客を覚えている。ディナータイムのお客様の7割は常連客だ。

「常連のお客様は、常連としての会話を望んでいらっしゃいます」とは、ベテランならではの言葉である。常連客は料理だけでなく、店長やスタッフとの会話も楽しみにしているのだ。支配人は、毎日5～6組のお客様から〝お任せ〟のオーダーが入るほど、料理についても信頼されている。

・5年連続売上伸長～グリルラウンジの女性店長～

この店にはお客様の名刺が1000枚以上あり、すべての名刺の裏にお客様情報が書かれたカードが貼られている。そこには似顔絵、ファーストアルコール、注文メニュー、ちょっとした会話の内容までが記入されている。

お客様との会話中や会計時に、スタッフが積極的に名刺を頂くようにしている。名刺を頂戴したお客様には、サービスでビール1杯を提供する。店内では名刺獲得合戦も実施。シールを貼って競い合う。週2日勤務の学生スタッフでも、月に50枚も名刺を集めたりする。名刺獲得合戦1位の人には、店長からおいしい料理がプレゼントされる。

この女性店長は社内トップクラスのQSCオペレーションを実施しており、5年連続売上伸長、本社から月商レコード賞受賞、MS（覆面調査）は常に180点以上（200点満点）という実績を誇っている。

ロイヤルカスタマー獲得チェックリスト

以下はロイヤルカスタマー獲得に向けたチェックリストだ。自己チェックしてみよう。

① ロイヤルカスタマーづくりの重要性を理解しているか
② ロイヤルカスタマーの要望は「天の声」と認識しているか
③ お客様の名前を聞き出す努力をしているか
④ お客様をできる限り名前で呼んでいるか
⑤ 宴会予約の幹事さんの名前と会社名を覚えているか
⑥ 顔と名前が一致するお客様が100人以上いるか
⑦ ロイヤルカスタマーの料理や飲み物の好み、苦手な食材を知っているか
⑧ 手書きの誕生日カード、記念日カードを贈っているか
⑨ SNSでキャンペーンや新メニューのお知らせを定期的に発信しているか
⑩ レジでお客様の満足度を把握し、適切な言葉を掛けているか
⑪ ロイヤルカスタマー情報のカルテ化が進んでいるか
⑫ ロイヤルカスタマーにはよりフレンドリーな対応や話し方をしているか
⑬ お子様や高齢者には目線を合わせて笑顔で話し掛けているか
⑭ 車椅子の方には「何かお手伝いすることはありませんか?」と声を掛けているか
⑮ 最近来店していないお客様に対して次の手を打っているか

（『小売店の集客マニュアル』船井総合研究所編、ＰＨＰ研究所、参考）

⑥の「顔と名前が一致するお客様が１００人以上いるか」だが、皆さんはどうだろう？　私は店長セミナーでしばしば「常連客を何人ぐらい覚えていますか？」と聞く。普通の店長はたいてい30人から50人と答える。だが売上を伸長させている実力店長は、３００人以上と答える。30人と３００人では1ケタ違う。売上が上がるはずである。５００人以上と答えた店長は5人いた。すべて月商３０００万円を超える超繁盛店だ。あなたが覚えているのが現在30～50人であれば、まずは１００人覚えよう。

また、お子様の名前を１００人覚えているという店長もいた。焼肉店と回転寿司の店長だ。どちらの店長も売上前年比は１１０～１２０％向上していた。

常連客の多さが売上をつくる、これを肝に銘じて、１人でも多くの常連客を増やす努力をしていただきたい。

5 初回客のリピート率を上げる

初回客のうち20～25%が2回目来店

私のクライアント先（寿司・しゃぶしゃぶ食べ放題店）が自社で調査したところ、初回客が2回目来店をする確率は20～25%程度という結果が出た（日常の外食のうち、洋風・和風・ファストフードの場合はもう少し高い数字になるかもしれない）。

その20～25%のお客様は、初回時に満足度が高かったため2回目来店をしたわけで、2回目も期待通りであれば3回目来店へと繋がっていく。その確率は70～80%である。当たり前のことだが、初回客の2回目来店（リピート）の率がもっと高ければ、売上は大幅に伸びていくはずだ。

この寿司・しゃぶしゃぶ食べ放題のナンバー1女性店長は、年商3億円の店を任されており、社内のコンベンションで最優秀店長賞を受賞。最高売上レコード賞も受賞し、現在

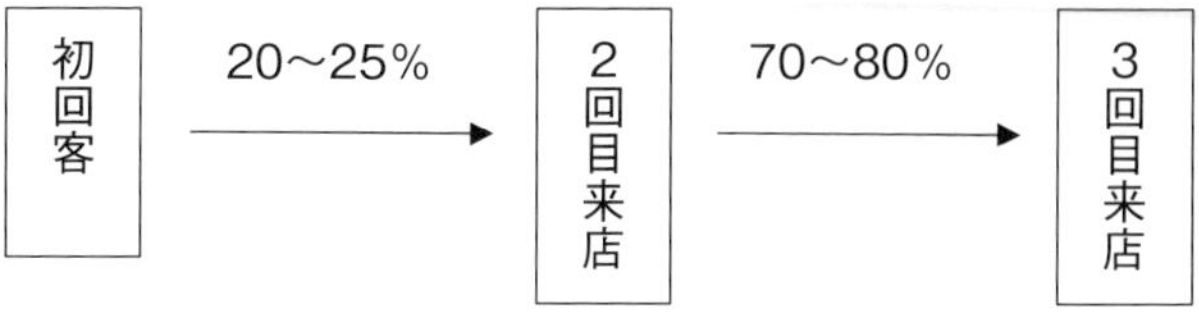

も売上を伸ばし続けている。その一番の理由として挙げられるのが、この店の2回目来店率の高さだ。このチェーンでは、平日10％ＯＦＦ、土日5％ＯＦＦの割引券をレジで配布している。他店の回収率は20～25％だが、このナンバー1女性店長の店の回収率は38％だ。この数字の差が、売上の差である。

この店では新規客に対し、商品のことやおいしい食べ方について丁寧に説明する。初めてのお客様とは特に会話を多く交わし、印象に残るサービスを実施しているのだ。だから2回目来店が増えるのである。もちろん再来店のお客様に対しても、それにふさわしい十分なおもてなしをする。トータルに顧客満足度が高い店であることは言うまでもない。

ちなみに初来店か再来店かはウェイティングシートに記入され、すぐに分かる仕組みになっている。

繁盛している居酒屋でも、それが分かるような工夫をよく見かける。例えば小さなホワイトボードにテーブル席を記入し、初来店と再来店のお客様をマグネットで色分けする。このボードを見れば、どのテーブルが新規客か常連客かが全スタッフに分かるのだ。

〈新規客への対応〉

①　店長が挨拶に行く
②　商品を説明しながら看板メニューをおすすめする
③　好感度の高いスタッフを担当させる
④　会話を多く交わす
⑤　ポイントカードや次回クーポンなどを手渡す
⑥　LINE会員や各種会員に入会してもらう
⑦　アンケート用紙への記入をお願いし、お礼のDMを発送する
⑧　店長とスタッフとで丁寧にお見送りする

④の会話が大切だ。フレンドリーで気配りのある声掛けができれば、初来店のお客様にもリラックスしていただけるだろう。「雨の中をありがとうございます」「お近くにお勤めですか？」「今日はご家族でお出掛けでしたか？」「このメニューは私も大好きなんです」

など、ちょっとした言葉で話のきっかけをつくれたらいい。

最近あるラーメン屋に入った際、こんな出来事があった。ラーメンを食べ終えてレジで会計している時、女性スタッフが私の手を見て「とてもおきれいな手ですね」と言ったのだ。びっくりした。ちょっぴり照れくさいけれど嬉しかった。お客をよく見ているスタッフだと感心した。

〈餃子居酒屋のちょっといい話〉

ある日、大きなカバンを持った50代の男性が不機嫌そうな表情で来店し、カウンター席に座った。店長が気さくな態度で声を掛けたが、返答はほとんどない。それでも「今日はお仕事のお帰りですか?」と尋ねると、「出張で…」と重い口を開きはじめた。「俺、恐い顔してるよね? 今日は出張先で嫌なことがあったものだから」と言う。店長が親身になって話を聞き続けたところ、最後にはそのお客様も「君と話せて元気になったよ。ありがとう」と、最高の笑顔を見せた。重かった気分がおいしい餃子と温かい会話でほぐれていく…ささやかではあるけれど、笑顔を取り戻せる素敵な時間がここにある。

またある時、その日入籍したカップルの情報がスタッフから入った。花で祝福したいが、すでに夜の10時で花屋は閉店している。そこで店長が考えたのは、馬刺で形づくったバラの花。この花に有名銘柄の日本酒をおちょこで2杯添えてプレゼントした。女性は感激のあまり、目を潤ませていた。

2週間後にこのカップルが再び訪れ、店長に「明日の結婚式に出てください」と言う。残念ながら仕事の都合で出席できなかったが、その1ヵ月後、今度はお母さんと一緒に来店。「この店長さんがバラの花をつくってくれたんだよ」と、お母さんに紹介してくれたのだ。「娘がとても感動して、何度もその話をするんです」とお母さん。こんなに喜んでもらえる仕事なのだと、改めて実感した店長である。このカップルは今では超常連客だ。

〈初回客がもう一度行きたいと思う店〉

① 提供された料理が見るからにおいしそうで、強いインパクトがあった
② 料理やドリンクに店のこだわりを感じた
③ スタッフが生き生きと楽しそうに仕事をしていた
④ スタッフの笑顔が印象に残った

⑤　店内やトイレがきれいで清潔だった
⑥　お水・おしぼり交換など、接客サービスが行き届いていた
⑦　丁寧に料理の説明をしてくれた
⑧　誕生日や記念日を祝ってくれて、記念品もプレゼントされた
⑨　次回来店時に利用できるクーポン券をもらった
⑩　料金がリーズナブルだった
⑪　来店へのお礼状（DM）が届いた

このようなサービスを徹底して行い、初回客のリピート率を上げよう。

6 KPIマネジメントで売上向上

KPIは「Key Performance Indicator」の略。事業成功の鍵を数値目標で表したもので、日本語では「重要業績評価指標」と訳される。目標を達成する上でのプロセスを数値として計測するための指標（中間目標）のことだ。

これに対し、目標そのものが達成されているかどうかを計測するための指標（最終目標）として設定されるのが、KGI「Key Goal Indicator」（重要目標達成指標）である。目標とする売上高や利益、客数獲得数などの具体的な数値を、KGIとして設定するのだ。

例えば「月1000万円の売上」というKGIを達成するために、「1日20件の法人営業訪問活動」や「1人1日10人以上のお客様におすすめ料理をサジェスト」といったKPIを設定するのである。

最終目標だけでなく、その過程も具体的な数値目標を掲げて「見える化」する。目指すものをはっきりさせて取り組むKPIマネジメントは、現在のコロナ禍のように先の見えにくい厳しい状況において売上の向上を図る時、ことのほか重要な方法となる。

第1章で紹介した岡崎甲羅本店は、コロナ禍が浸透しはじめた2月半ばから宴会キャンセルが続出し、この店の富崎店長は早々に対策を打ち立てた。3月の売上前年比100％超え（1680万円〜）を目標（＝KGI）に、「宴会のDM800通発送」をはじめとして、「かに弁当デリバリーの目標販売数設定」や、その宣伝のための「企業・寺社訪問50ヵ所」など、次々とKPIを打ち立てて実践。その結果、3月には前年比104％（1750万円）を達成できたのだ。

このように、最終的な数値目標（KGI）の達成に向けた対策を具体的に考えて実行し、数値目標の進捗を管理していくことがKPIマネジメントである。

KPI導入のメリット

KPIを導入することで、「何を」「いつまでに」「誰が」「どんな方法で」「どのレベルまで」実行するかが明確になるという効果がある。具体的には以下のメリットが挙げられる。

① やるべきことが計画されてスタッフに共通の目標ができ、意思統一が図れる

② 優先順位が明確になり、やるべきことを具体的に示せる

③　現場の進捗状況がタイムリーに分かる
④　チームごとにKPIを設けることもできる
⑤　どんな行動をとれば店に貢献できるかが、スタッフに分かる
⑥　店長とスタッフのコミュニケーションが活発化し、モチベーションが上がる

④の場合、店舗ならば例えば以下のチームが考えられる。チームごとにKPIを設定して売上向上を図り、互いに刺激し合うのもいいだろう。

1　テイクアウト・デリバリー弁当拡販チーム
2　誕生日・記念日のDM発送チーム
3　サジェストコンテスト推進チーム
4　チラシ投下のポスティングチーム
5　ランチの提供時間短縮チーム

KPIマネジメントのステップ8

次のようなステップでKPIマネジメントを進めていこう。

STEP 1	KGIの目標	売上○○○○万円達成
STEP 2	ギャップの確認	現状とKGIとの差　○○○万円
STEP 3	プロセスの確認	対策のアプローチ量を増やす
STEP 4	絞り込み	優先順位で確定
STEP 5	目標設定	対策別の数値目標
STEP 6	店舗運営の確認	安定して運営可能（単純化）
STEP 7	コンセンサス	社員・スタッフとの合意
STEP 8	実行	継続的に改善

『KPIマネジメント』中尾隆一郎著、フォレスト出版、参考

キーワードはPDDS

「KPIマネジメント」の著者、中尾隆一郎氏は、KPIマネジメントの運用に必要なサイクル「PDDS」を独自に考案した。PDCAサイクルはよく使われるが、PDDSはPlanとDoの間にDecide（絞り込み）があるのが特徴だ。

以下は、150万円売上アップのためのKGIとKPIのプロセス事例である。

元クライアント先の焼肉チェーンでは、10回以上来店したお客様にはネーム入りのゴールドトングがプレゼントされる。同チェーンナンバー1の売上を誇る実力店長の店には、このゴールドトングが400本ある。数年前の10月、ゴールドトング獲得

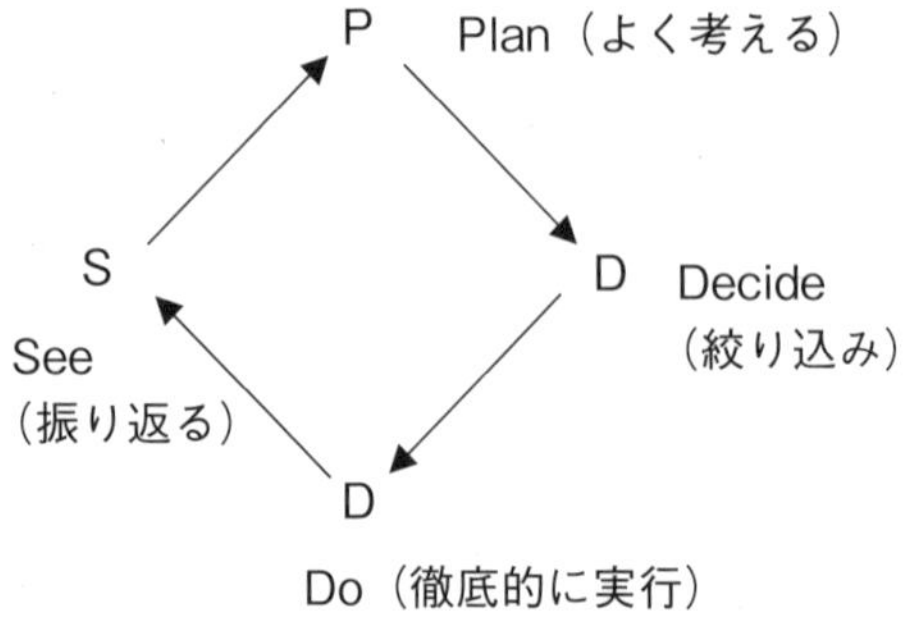

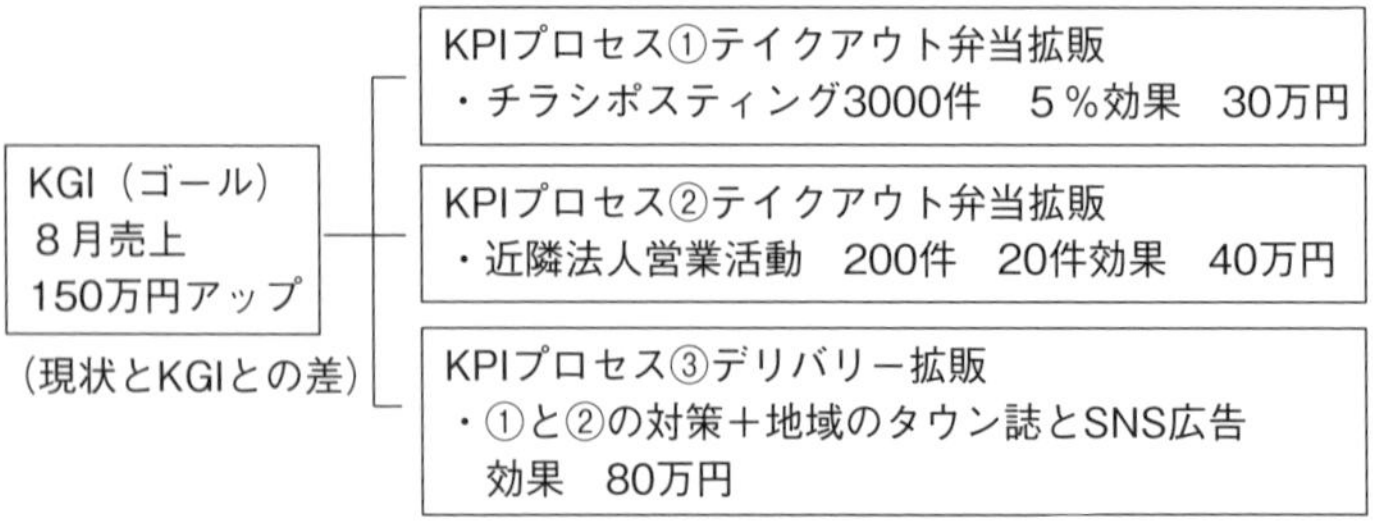

のお客様４００人、及び名刺交換をしたお客様４００人、合計８００人にＤＭを発送した。ＤＭ回収率は17％で、客数は３５９人だった。併売額は１５７万円に上り、12月の売上前年比１２１％アップに大きく貢献した。

　ＫＰＩマネジメントは、効果のある対策を絞り込み、徹底して実行することで成功する。ぜひ、あなたの店でもＫＰＩマネジメントで売上向上にチャレンジしていただきたい。

7 社内・店内コンテストで弾みをつける ～サービスの15大行動～

近年、社内コンテストや店内コンテストを開催し、スタッフみんなが楽しみながらナンバー1を目指すことで店を活性化させ、客単価や売上のアップへと繋げている店が増えつつある。アフターコロナの時期を迎えたら、ぜひともコンテストを活用して「小さな勝利」を積み上げ、売上向上への弾みをつけたいものだ。

小さな勝利を明日の大きな勝利へ

米国の著名な経営コンサルタントであるトム・ピーターズは、その著書『エクセレクト・リーダー　超優良企業への情熱』で「小さな勝利」の必要性を語っている。

多くの人々（ほとんどが普通の人々）は、内心は自分のことを勝者すなわちエリートだと思っている。ならば普通の人々をスターに変える「小さな勝利」を経験させて自信を持たせ、それを積み重ねることで大きな勝利へと導くことが重要、ということだ。

私は営業責任者時代、全店長に対して毎月のようにコンテストを実施していた。「スマイルコンテスト」「サジェストコンテスト」「クレンリネスコンテスト」「ありがとうカードコンテスト」「クリスマス拡販コンテスト」「四季のディスプレイコンテスト」など、様々なテーマで常に店長に刺激を与え、表彰していた。決してビッグな賞ではない。店長はそれぞれ個性や強みが違う。そんな彼らが各自の能力を発揮して日々行っている小さな努力の積み重ねを評価し、多くの店長を表彰することでモチベーションを向上させていた。

現在も、コンテストを通じて従業員のやる気を促している店は少なくない。

ある中国料理専門店の店長は、毎月2回おすすめ商品のテーマを設定してセールスコンテストを実施している。「マンゴープリン」や「紹興酒」など、テーマとして掲げた商品の販売を競い合い、数値をグラフ化して管理する。1位の人は全体ミーティングで表彰される。賞品は店のペアご招待。1位を目指して一生懸命サジェストするので、商品知識が高まるのはもちろん、売上アップにもしっかり貢献する。

私のクライアント先であるラーメンチェーンの店長（最高売上更新中）は、店内で様々なコンテストを実施している。

① あなたの「ここがすばらしい」コンテスト
② 活気ナンバー1コンテスト

③　笑顔の良い人コンテスト
④　美しい料理コンテスト
⑤　餃子サジェストコンテスト

いずれも全員の投票でナンバー1のスタッフを決定し、店長が表彰する。テーマを随時変え、その都度みんなで一生懸命に取り組むため、接客の幅もレベルも向上する。私が感心したのは、日曜日のランチタイムに「今から1時間、笑顔の良い人コンテストをする」と宣言し、実践したことだ。最大のピーク時に最高の笑顔で接客する。だからこそこの店では売上が伸び続けているのである。

また、ある和食チェーンの店長は「支配人杯ありがとう選手権」というコンテストを企画・実施した。お客様から「ありがとう」の声が掛かった接客スタッフは、その都度1ポイントをゲット。事務所に掲示されたグラフにポイント数を記入する（自己申告）。これは売上そのものを競うコンテストではない。お客様からの感謝の多さを競うものであり、とてもすばらしいと私は思う。

お客様からの感謝の声は、お客様を大切に思う気持ちがなければ得られない。お客様に呼ばれる前に温かいお茶やおしぼりを出す、薬を服用するお客様には速やかに水を提供するといった気配りができるよう、気持ちを競い合おう。効果は少しずつ、けれども確実に店の雰囲気を良くする形で現れるだろう。ぜひあなたの店でも実施していただきたい。

サービス15大行動

私が行っている通年の店長セミナーでは、以下のサービス行動をリストアップし、店長のディスカッションで決定・実践して、効果を上げている。これを参考にあなたの企業（店）でもこのようなサービス行動を決め、実施していただきたい。それをチェックリストにしたり、コンテストで競ったりするのも良いだろう。

〈サービス15大行動〉

① 最高の笑顔でお迎えする
② いつもお客様に心を向ける
③ 積極的に会話をする
④ 進路では止まって笑顔でお客様に道を譲る
⑤ テーブル・イス・床は常にきれいにする

⑥　本日のおすすめ商品の説明をする
⑦　すべてのメニュー（商品）について説明ができる
⑧　できる限りＮｏと言わない対応をする
⑨　常連のお客様に挨拶をする
⑩　お客様の名前を店長は１００人、スタッフは30人覚える
⑪　お客様の好み（料理・アルコール）を覚える
⑫　笑顔で１秒ルールを徹底する
⑬　お店を磨く、食器を磨く
⑭　お店の外までお客様をお見送りする
⑮　常に感謝の気持ちを忘れない

8 小さな気遣いを大切に

ホスピタリティ・マナー講師の松澤萬紀さんは元ＡＮＡ客室乗務員で、ベストセラーの著書『１００％好かれる１％の習慣』（ダイヤモンド社）で知られ、メディアにもしばしば登場する人気講師である。私は一緒にセミナーを行ったこともあり、その気遣いあふれる言動や人柄のすばらしさにいつも感心させられている。

その松澤さんの著書『１秒で「気がきく人」がうまくいく』（ダイヤモンド社）の中に、サービスについての素敵な話があるので紹介する。

松澤さんがまだ新人ＣＡだった頃、先輩から「小さなことこそ心を込める」ことの大切さを教わった。エコノミークラスでは1人のＣＡが約50人のお客様を受け持つため、効率を考えてしまうことがあり、飲み物を提供する時も流れ作業になりがちだ。そんな時、先輩から「このオレンジジュースは『特別』だと思われるくらいの渡し方をしなさい」と言われた。「心を込めて渡すように」という意味だ。心を込めても込めなくてもジュースの味に変わりはないはずだが、それでもその後、心を込めてお渡しするようになった。すると不思議なことに、「おいしかった」と言われる回数が多くなったという。

ＡＮＡには「小さなことほど丁寧に、当たり前のことほど真剣に」という言葉がある。「意識さえしないような『小さなこと』『当たり前のこと』に普段から真剣に取り組んでいれば、やがて大きな信頼につながります」と松澤さんは語っている。

以下、「当たり前の小さな気遣い」を大切にして、売上を伸長させている２人の女性リーダーを紹介する。

女将のおもてなしで抜群のリピート率

あるふぐ料理チェーンのＭ女将は、人通りが少なく地下１階という立地の悪い店を、グランドオープンからスタートし、当初３３０万円だった月商をわずか４ヵ月で１０００万円にまで伸長させた実力者である。

Ｍ女将はかつて高単価の店に勤めていたのだが、その際のおもてなし力がすばらしかったため、ヘッドハンティングでこの会社に入社した。「接待席を大切にする」のが彼女の店舗方針。この店はかなり立地が悪いことから、グランドオープン時には近隣のホテルやオフィス、高級クラブへの営業活動を行った。本部は最初の3ヵ月間の売上を見て状況の厳しさを把握していたが、グンとアップした12月の数字にはかなり驚いたそうだ。

初回客が再来店する率はほぼ100％。通常は20～25％なので、驚異的なリピート率と言える。30坪40席の店だが、M女将は全席に挨拶回りをする。鍋料理のお手伝いなどをしながらお客様の会話を盛り上げる。お客様が接待のために呼んだゲストも手厚くおもてなしする。

3人対3人の接待席でのエピソードを紹介しよう。接待される側のお客様のほうが早めに来店したのだが、その時、手土産を携えていたのに気づいた女将は、接待する側のお客様が来店した際にそれを伝え、すぐにこの店の商品をお土産として準備したのだ。そのお客様からは「恥をかかずにすみました」と、たいへん感謝されたという。

M女将が認識している常連客は、オープン半年で300人以上になった。2回目以降のお客様はすべて記憶しているというからすごい。会話した内容を書き込んだ手づくりのDMを、彼女は常連客すべてに発送している。

M女将は商品のおすすめ率も社内トップクラスだ。白子のおすすめ率は30％。平均は10％だから、群を抜いている。近隣高級クラブの女性たちが出勤前にお客様同伴で来店することも多く、この女性たち（10人ほど）をとても大切にしている。女性たちの出勤時間に支障をきたさないよう、速やかに料理を提供しているのもその1つの表れだ。

■女将が気をつけていること

売上伸長の立役者であるM女将は、常に次のことに気を配りながら営業している。

①　入口周辺（感動的なお出迎え）
②　通路では立ち止まり、笑顔で一礼
③　全席を回って、女将としてご挨拶
④　接待側のお客様とご一緒に接待（鍋料理のサポート）
⑤　ニーズの先読み（次のニーズを予測して動く）
⑥　温かいお見送り（全員、手を止めて挨拶）

「お見送り」には特に気を配っている。スタッフ全員にインカムで「手を止めてご挨拶を！」と促す。心を込めて「ありがとうございます」と言えば、手を上げて応えてくださる人もいるし、背中で返事をする人も多いという。背中のオーラが見えるのだ。

「お迎え3歩、見送り7歩」という言葉がある。最後の印象が大切なのだ。お見送りは終わりではなく、次の来店の始まりである。また来たいと思っていただけるよう、心を込めてお見送りしたいものだ。最後に名前で呼び掛けて挨拶するのも余韻効果がある。

美味求心と、店長の求心力

もう1人の女性リーダーは、高級やきとり専門店の売上を4年連続伸長中で、社内のMVP賞を受賞し、9店舗の教育運営部長も任されている実力店長Fさんだ。「1回のチャンスを次の必然に」の店長方針で、「当たり前」の精度を上げることにこだわっている。

この店のサービスの基本コンセプトは「美味求心」。おいしさだけでなく、よりおいしく感じていただくためのサービスも追求する姿勢を表している。客単価8000円の店だからこそ、お客様が求めるものは何かを常に追求し、それにお応えしていく必要があると、F店長は語る。「接待する人（ホスト）と接待される人（ゲスト）両方のニーズに応え、特にホストに満足していただいて、『接待の成功はあなたのおかげです』と言われたら本当に嬉しい。そうやって店のブランドをどんどん高めていきたい」とのこと。

来店中のお客様の一瞬一瞬をさりげない気配りで満たし、居心地の良さを感じてもらう。さりげないけれど一味違う上質のサービスによって、初めてのお客様にまた来たいと思ってもらう…Ｆ店長はいつもそんなおもてなしを心掛けている。

２回目の来店を３回、４回へと増やしてくために、Ｆ店長は日頃からアンテナを高く掲げて学ぶ姿勢を保ち、インプットしたものをいかにアウトプットするかを常に考えて実行している。例えば、美容室やデパートや大衆居酒屋など、どこであれ、行った場所の良いところを見て吸収し、自分の店での実現に努める。Ｆ店長の向上心と吸収力の高さは並大抵ではない。

■リピーター率６〜７割

この店のリピーター率は６〜７割。人通りが少なくて地下１階と、立地条件が悪いのは前述のふぐ料理店と同じで、実際にかつては売上が厳しかった。それでも毎年売上を伸ばし続けているのは、常連客が増えているからだ。まずは、一度来店したお客様に「また来たい」と思われることが重要。次は「人に紹介したい」となり、それが少しずつ広がって伸びてきた。「コストゼロの集客です」とＦ店長は言う。

コストはゼロでも心は満タンだ。おしぼりを手渡す時も、料理を提供する時も、グラスを置く時も、一回一回心を込めて行う。地味なことにこだわり、「当たり前」の精度を上げ続けている。

お客様の名刺が、この店には3000人分ある。常連のお客様リストは700人。そこには好みのメニュー、ファーストアルコール、NGリスト（嫌いな食材や食物アレルギー情報）、希望の席リストなどが記されている。

近隣の会社の領収書リストもある。2回以上利用したお客様からは、社名を言われなくても速やかに領収書が書けるようにするためだ。「当たり前」の精度を上げるとは、そういうことである。

■「満足」で満足せず、期待値を超えるサービスを！

店の運営上でF店長が気を付けているのは、お客様の期待値を超えるサービスをすること。「ここまでやってくれるの？」とお客様に言わせるのが仕事だという。例えば、テーブルから箸が落ちたことを音だけで判断し、すぐに箸をお持ちする。たいてい「何で分かったの？」と驚かれる。実は日頃から、何の音か当てるクイズをやっているのだ。

また電話予約が入った時には、声を聞いただけでどのお客様か分かり、「山本様ですね、ありがとうございます」と言える。

新札でお釣りを渡すのは当たり前。さらに細やかな対応でその先に備える。2人で割り勘だろうと予想したら、お釣りもそのように用意する。例えばお勘定が14000円の場合、1万円札2枚に対するお釣りとして5000円札＋1000円札ではなく、1000円札6枚（3000円＋3000円）にする。

「満足」されるだけで満足せず、さらに上のサービスを目指す。五感を研ぎ澄まして地味な「当たり前のこと」に力を注ぎ、お客様に感動していただけるよう、日々努力しているのだ。小さなこと、地味なことを大切に。そんなおもてなしの心を育みたい。

9 清潔な店は栄える

クレンリネスの意味は「清潔な状態を保つこと」である。飲食店にとっての「清潔」とは、単に掃除をしてきれいにすることではない。「照り映えるほど磨き上げられ、衛生的に保たれていること」だ。グランドオープン時と変わらない最高のきれいさをキープし、衛生面にとことん配慮されているのがクレンリネスの基本。鏡のように磨かれた美しい空間で、おいしい料理と心温まるサービスを楽しむ。これが外食の醍醐味である。

洗剤メーカー花王のモットーは「清潔な国は栄える」である。このコンセプトを貫き、この分野のナンバー1企業として成長してきた。日本人は何百年も前から玄関をきれいにしたり、道路や公園など公共性の高い場所を清掃したりと、清潔の維持に熱心な国民性がある。それゆえに先進国として繁栄してきたのだと私は思っている。

今回のコロナ被害を世界全体と比較するとかなり抑制できている一因は、手を洗う、うがいをする、毎日入浴する、湯船に浸かる、屋内では靴を脱ぐなど、清潔意識の高い日本人の生活習慣にあると言われている。

「清潔な国は栄える」＝「清潔な店は栄える」と言っていいだろう。栄える原点が「徹底した清潔さ」にあるのは、国も企業も店舗も同じだ。

10年ほど前、急成長していたある回転寿司チェーンが倒産した。その本社を一度訪問したことがある。その時、倉庫の乱雑さ、事務所の床にゴミがたくさんあるのを見て、その不潔さに驚いた。急成長に追いつける人材がいなかったことも要因の1つではあったが、鮮魚を扱っている会社がこんなことでいいのかと、憤りを感じたものだ。このチェーンはその3年後に倒産した。

飲食店における不振店対策の最優先事項はクレンリネス。今回のコロナ禍においても、この原則は揺るがない。

お客様の不満の中で、スタッフの態度や提供時間の遅さに続いて多いのが「店内の汚れ」だ。お客様はピカピカに磨かれた店内で食事をする権利があると私は考えている。お客様の席周辺はお客様の空間であり、テーブルの水一滴や床の小さなゴミ1つであっても、前のお客様の痕跡が残っていたら許されるものではない。

セブンイレブンの店舗は、天井の蛍光灯がくっきり映るほど床をピカピカに磨くことをクレンリネスの基準にしている。

クレンリネス優良企業に学ぶ

オープン後38年経過した東京ディズニーリゾートは、今もオープン時と同じクレンリネスレベルをキープしていると言われる。赤ちゃんが床を這ってもいいほどきれいにするのが基準だ。閉園後の深夜から朝にかけて、通路の砂を放水して丹念に取り除く。メリーゴーランドの真鍮の柱も朝までとことん磨き上げるという。クレンリネスのこだわりは安全確保にも繋がる重要なことなのだ。

志摩観光ホテルの元常務取締役、高橋忠之氏が総料理長兼総支配人を務めていた当時、大勢の人が調理場見学に訪れた。誰もが「ここで本当に料理をつくっているのか」と、驚きの声を上げたそうだ。料理の匂いすらしないほど完璧に磨き上げられていたという。現在の女性総料理長、樋口宏江氏にもこの調理場の美しさは引き継がれている。

カレーハウスＣｏＣｏ壱番屋の創業者である宗次徳二氏は、店舗周辺の清掃に力を入れ、店舗スタッフの毎日の業務とした。郊外店なら店の周辺２００メートル、市街地の店なら30メートルの歩道のゴミ拾いや草取りを全店で徹底して行う。心を込めて掃除をすると、半年で売上は回復すると宗次氏は語っている。

実際に私も何度かＣｏＣｏ壱番屋の近隣清掃活動を見かけた。雨の日も雪の日も、365日行っているのには本当にびっくりさせられる。各店の事務所には、近隣の地図や時間ごとの清掃チェックリストが掲示されている。

そんなＣｏＣｏ壱番屋の実力店長の1人から、こんな話を聞いた。ある日いつものように近所の清掃をしていたところ、赤信号で停止していたバスの運転手さんが「いつもご苦労さま」と言って手を振ってくれたそうだ。近くの小学校の校長先生は、「毎日ありがとう」と言いながらカレーを食べに来てくれたりする。近所の人たちはちゃんとスタッフの活動を見てくれている。この活動を通じて地域との絆が深まっているのだ。

店や店周りの汚れは、従業員の心の乱れを表す。心が乱れていればお客様からの信用を失うことになる。妥協のない清潔さを保つのは、従業員1人ひとりの義務と言える。

私のクライアント先のラーメンチェーンには、年商2億円を上げる実力店長がいる。この店長には、床の美しさへのこだわりがある。オープンして15年経つ店だが、床は実によく手入れされていて驚くほどきれいだ。飲食店にとってこれは非常にポイントが高い。

この店では毎朝40分間にわたってスタッフ2名でモップ掛けを行い、その後必ずから拭きをする。月に2回は業者にも清掃を依頼するが、スタッフは「業者さんの今日の清掃はこの部分がまだ汚れていて納得できない」などと指摘するそうだ。

「床の美しさはおもてなしの心構え。お客様がいない時もお客様のことを想う。その気持ちが床の美しさにも表れる」と店長は考えている。

5S活動

トヨタ自動車の5S活動はよく知られている。5Sとは以下の5項目。これを徹底すると、時間のムダ、スペースのムダ、移動のムダなど業務における様々なムダがなくなり、効率化されていくという。

1 整理…要る物と要らない物を明確に分けて、要らない物を捨てること
2 整頓…要る物を使いやすい位置に置き、誰にでも分かるように明示すること
3 清掃…常に掃除をしてスペースをきれいに保つこと
4 清潔…整理・整頓・清掃の3Sを維持すること

5　躾…決められたことをいつも正しく守る習慣を身に着けること

飲食店のキッチンやバックヤードにおいても、このような5S活動ができれば物を探す手間が省け、生産性や品質や安全性の向上が望める。結果として収益も上がるだろう。

私は営業責任者時代、店舗のクレンリネスをチェックする際に、次の3点について特に注意を払った。

① 入口自動ドアのレールの溝。この溝が美しく磨かれ、砂が1粒もなければ、ホールのどこを見てもきれいである。

② キッチンの計量器（はかり）の汚れ。表面も裏側もピカピカに磨かれていれば、キッチンのすべてがきれいに保たれていると言える。ゴミ袋を外したゴミ箱の底も要チェック。

③ バックヤードの下駄箱。下駄箱の整理・整頓にまで神経の行き届いている店は、店内のどこを見ても美しく保たれている。

さて、あなたの店の清潔度はいかがだろうか。クレンリネスのポイントは日々の努力、これに尽きる。マンスリー、ウィークリー、デイリーの清掃スケジュールを作成し、毎日コツコツと掃除をしていただきたい。

〈クレンリネスチェックシート〉

以下の10項目を店内外でチェックしよう。

① 駐車場や店舗周り、入口付近にゴミや雑草が全くないか
② 入口のマットやドア、取っ手、ガラス、自動ドアの溝まできれいに磨かれているか
③ 店内の窓ガラスや窓枠に拭きムラがなく、照明器具やエアコンフィルター、装飾品などにほこりや汚れがないか
④ フロアの床やカーペットに汚れがなく、落ちたゴミは30秒以内に拾われているか
⑤ トイレの便器、床、壁、扉、洗面台、鏡はピカピカに磨かれているか
⑥ キッチンの壁には油汚れがなく、冷凍・冷蔵庫は中も外も曇りなく磨かれているか
⑦ キッチンの床やゴミ箱に汚れがなく、グリストラップは毎日清掃されているか
⑧ 店長室、休憩室、更衣室、倉庫、下駄箱が整理・整頓されているか
⑨ 定期的清掃スケジュールが徹底活用されているか
⑩ 5S（整理・整頓・清掃・清潔・躾）への高い意識を全従業員が持っているか

10 地域一番店づくり

元気な挨拶は地域一番か？

店の第1印象は3秒で決まると言われる。飲食店に一歩足を踏み入れた瞬間、この店は生きているか死んでいるかが分かる時がある。まず元気な挨拶が耳に飛び込んでくる。そして、さわやかな笑顔で迎えられる。この店に入ってよかったと思う瞬間だ。

コロナの影響で何かと接客への制約も多い現在だが、声を張り上げることイコール元気ではない。大声を出さなくても活気や明るさや温かさは伝わるはずだ。元気や活気の意味をもう一度考えてみてほしい。

ある時、ランチのためクライアント先の社長と共に大手チェーンのハンバーグレストランに入った。席に着いて待っていると、男性アルバイトがダラダラとした歩き方でやってきた。何の挨拶もなく、髪は乱れ、無表情でやる気は全く感じられない。

社長と2人で思わず顔を見合わせた。「大丈夫か、この店は？」と思った。このアルバイトが悪いというよりも、接客サービスの教育もせずにこのレベルのスタッフをホールに出している店長こそが問題だ。たった1人のスタッフの態度で、この大手ハンバーグチェーンのイメージが一瞬にして崩れてしまった。

これとは逆に、すばらしいお出迎えを受けた和食レストランがある。クライアント先の社長と幹部と私の3人で雨の日に訪れた時のことだ。「良さそうな店ができたので視察に行きましょう」と私がお誘いした。

その日は土砂降りで、傘を差していたのにスーツはかなり濡れてしまった。店に入るやすぐに女将がきれいなタオルを持って入口まで駆けつけ、「お足元の悪い中、本当にありがとうございます」と言いながら、私たちのスーツから靴まですべて拭いてくれたのだ。これには3人とも感動した。落ち着いた雰囲気なのにスピーディーでてきぱきしており、そこに活気が感じられる。まさに「この店に入ってよかった」と、心から思った瞬間である。

最初のグリーティングがいかに大切かがお分かりだろう。もちろんその後の笑顔の接客サービスからおいしい料理まで、すべてが極上に感じられたひとときだった。

朝礼時などに、店の外で発声練習やお辞儀の練習をしている人たちを見掛けることがある。教育熱心な良い店だという印象を受ける。

そういえば私が20代のステーキハウス店長時代、会計時に女性のお客様から「店長さんが毎日真剣に朝礼している姿を見て良いお店だと思い、今日来店しました」と言われて、とても嬉しかったことを思い出す。ちょうど朝礼の時間に店の前を通る方だった。元気な挨拶のできる活気に満ちた店にしようと頑張っている姿を、必ず誰かが見ている。その人はきっと、明日のお客様だ。

また、ムードメーカー的なスタッフが「ボイスリーダー」や「元気プロデューサー」となって、「いらっしゃいませ」（お客様が最初に耳にする言葉！）を明るく元気良く発声している店もある。従業員が自発的に楽しみながら気持ちの良い声を出せば、生き生きとした雰囲気がお客様にも伝わるはずだ。

美しいお辞儀は地域一番か？

お辞儀は、挨拶や感謝や敬意を表すために、相手（お客様）に向かって頭を下げ、腰を折り曲げる動作のことだ。

美しいお辞儀のポイントは以下の4つ。

① 立ち止まり、正しくきれいな姿勢でお客様と目を合わせる
② 腰・背中・首筋をまっすぐにして、腰から折り曲げる
③ 曲げた状態で一旦しっかりと止め、ゆっくり上体を上げる
④ 上体を上げたら、お客様と笑顔で目を合わせる

お辞儀には、会釈（上体の傾き15度）、敬礼（30度）、最敬礼（45度）がある。お客様とすれ違ったり目が合ったりした時には会釈、お礼（ありがとうございました）とお見送りは敬礼、謝罪時などには最敬礼を心掛けたい。

一流のホテルやレストランでは、従業員がお客様とすれ違う際にしっかり止まって会釈し、笑顔で通路を譲る光景を見かけることがある。ぜひ、この姿勢に学びたいものだ。

中国の北京で高級ホテルに宿泊した際、その創業経営者と話す機会を得た。印象的だったのは、日本の帝国ホテルでの感動体験である。在室中に部屋のチャイムが鳴った。ホテルのスタッフかもしれないとは思ったが、風呂上がりだったし日本語も話せないので、

黙ってドアスコープから覗いてみた。するとホテルマンがドアに向かって深々と一礼し、静かに立ち去ったそうだ。日本の帝国ホテルのホスピタリティはすばらしいと、社内での講話や社外での講演のたびに語っているという。

来店時の第1印象は非常に重要だが、それと同じぐらい大切なのが、お客様をお見送りする時の姿勢だ。クライアント先の大手焼肉チェーン（東証1部上場企業）が経営していた高級和食店を訪れた時のこと。すばらしいホスピタリティの連続に感動したのだが、最も見事だったのが番頭さんのお見送りである。店を出て100メートルほど歩いてから振り返った時もまだ見送ってくれていて、深々とお辞儀をしたままだった。今でもその美しい姿が目に焼き付いている。お客様への感謝の念に満ちたこういう姿勢が、繁盛店をつくるのだ。ちなみにこの番頭さんは昨年、若くして代表取締役専務に就任した。

笑顔は地域一番か？

サービス業の中で最もホスピタリティあふれるサービスに力を注いでいるのは、一流と言われるホテルである。そして最も笑顔がすばらしいのは、航空会社のCAやディズニーリゾートのスタッフである。

ホテルマンは自分の一番良い状態の笑顔を知っていて、いつでも素敵な笑顔をお客様に向けることができると言われている。ザ・リッツ・カールトン大阪の総支配人に「一流ホテルにとって何が一番大切か」と尋ねた時、総支配人は「ゲストに対するビッグ・スマイル。目元が輝き、白い歯がこぼれるような満面の笑顔ですね」と答えた。満面の笑顔、それがサービス業の原点なのだ。


私の故郷は三重県の松阪市である。そこにいつも行く日本茶カフェがある。伊勢抹茶のデザートがとてもおいしい。それにも増してすばらしいのは女性店長の笑顔だ。作業をしている時も微笑んでいるし、お茶の説明や会話をする時もこぼれるような笑顔なのだ。その笑みに人柄が滲み出ている。カウンターに座って彼女を眺めるだけで幸せな気持ちになれる。これほど記憶に残る笑顔に出会うことはめったにない。大げさな表現かもしれないが、この店長の笑顔には神が宿っているとさえ思える。笑顔は人を幸せにするのだ。

また、ある繁盛ラーメンチェーンの女性店長は、「この店の笑顔率は99％です」と語った。「笑顔率」とは良い言葉だ。店長はもちろん、全スタッフが素敵な笑顔なのだ。

本章の8に登場した高級やきとり専門店の女性店長は、スタッフに笑顔の姿勢を説き続けている。「どんなつらいことがあっても私は笑顔をつくるよ。失恋しても、身内に不幸があっても、39度の熱があっても、お客様の前では最高の笑顔をつくるよ」と。

あなたの店の全スタッフの笑顔は、地域一番だろうか？

身だしなみの清潔さは地域一番か？

身だしなみも第1印象を決定づける重要なポイントの1つだ。髪、化粧、爪、名札、エプロン、ネクタイ、シャツ、スカート、ズボン、そして足元（靴）に至るまで、各企業や店舗の基準を遵守しなければならない。清潔な身だしなみは「心の表れ」である。身だしなみが乱れている時は、心にも余裕がないと言える。

身だしなみの大切なポイントは、「清潔感」「機能性」「上品さ」である。私は店長セミナーで男性店長にしばしば「女性スタッフや女性客に好かれる重要なポイントは、清潔感のある店長だよ」と話す。寝癖のついた髪、不精髭、シワの目立つシャツ…そんなだらしない姿の店長には、誰も付いていこうとは思わない。

また、口臭や体臭も身だしなみの重要な要素だ。人からはなかなか指摘してもらえないので、自ら気を配る必要がある。

朝礼の目的の1つは身だしなみチェックである。頭のてっぺんから足の先まで毎日欠かさずチェックし、1日に何度でも整えるよう心掛けたい。

クレンリネス（ファサード・店内）は地域一番か？

前章（清潔な店は栄える）で述べたように、クレンリネスは飲食店にとって非常に重要だ。地域一番店を目指すには、照り映えるほど磨き上げられた店にする必要がある。

「些事怠らず」「凡事徹底」という言葉がある。毎日の小事を怠らず、当たり前のことを徹底して行うべし、といった意味である。大掃除より毎日の小掃除とも言われる。

イエローハット創業者の鍵山秀三郎氏は、「微差、僅差の積み重ねがやがて絶対差となる」と語っている。

セブンイレブンは国内に2万店もありながら、クレンリネスレベルは非常に高い。以前、セブンイレブンの経営幹部のセミナーを受講したことがある。その時、クレンリネスの徹底で売上が向上した事例が紹介された。

あるエリアのマネージャーが、70店舗でクレンリネスコンテストを実施した。駐車場、ファサード、冷凍・冷蔵ショーケース、ゴンドラ、床、レジ周りを毎週チェックし、スーパーバイザー（SV）が点数を付けた。床はワックスでとことん磨く。蛍光灯が床に映って反射する度合いを照度計で測るのだ。ここまでやるかというすごさである。3ヵ月経過した頃、コンテストを実施した70店舗とその他の店舗の売上を比較したところ、実施した店舗では4％も売上が向上したという。クレンリネスの徹底で売上が向上することを証明したのである。

もう一度言おう。クレンリネスの徹底は、不振店対策の最優先事項である。

スタッフの規律と礼儀正しさは地域一番か？

店長が店を統率し、スタッフを適切に導いていくためには、ルールや規則が必要だ。コロナ禍で現在はストップしているが、一昨年まで中国飲食経営者の日本視察セミナーを実施していた。日本の繁盛チェーンを視察しながら、私のセミナーを受講してもらうというものだ。従業員満足度の大切さ、ありがとうカード、モチベーションアップの仕組みを私が話した後、ある経営者から「従業員の大切さは分かりますが、こんなにスタッフを自由にさせて、甘やかしてもいいのですか？」と質問された。それに対して私は、「自由と規律のバランス」が重要だという話をした。

自由で明るく楽しく仕事をしても、そこにきちんとした規律があれば何も問題はない。時間厳守、挨拶の励行、上司と部下間の礼儀、言葉遣い、報・連・相、仕事に対して真摯に取り組む姿勢。それが規律である。

20代の店長時代、私はスタッフに報告を徹底させていた。閉店後に事務処理などをしている時、よく彼らが清掃の終了を報告に来た。きれいになっていれば褒め、不十分な箇所はやり直しを指示。これを毎日繰り返した。もちろん私自身も店長として率先して清掃した。日々それを徹底することで店はクリーンに保たれ、新人スタッフたちにもその姿勢が受け継がれていくようになった。規律やマナーを守る気持ちや習慣が浸透すれば、清掃一つとってもスタッフは自らのびのびと、かつしっかりとできるようになるのだ。

あるハンバーグレストランの店長は、「店長方針10ヵ条」をスタッフルームに掲示していた。

① 報告・連絡・相談は義務

② 正確な作業を行う（決められたことを決められた通りにやる）

③ 従業員同士の挨拶（仕事の基本）
④ 締め切りの期限を守る（書類・清掃の時間厳守）
⑤ クレンリネスの徹底（手が空いたら清掃）
⑥ 体調管理は自己責任で行う
⑦ パートナー（スタッフ）を大切にする
⑧ 人間関係を大切にする
⑨ 知識は武器となる（学び続けること）
⑩ 責任はすべて店長にある

この店長は、確固たる信念と明確な仕事のスタイルを持っていることが分かる。参考にしていただきたい。

クレーム対応は地域一番か？

クレームは初期対応が重要である。小さな不満のうちに対応しておくと大きなクレームにはならない。以下はクレーム対応の4つの基本である。

① 誠実な態度で謝罪する

お客様に不快な思いをさせたことに対し、まずは深くお詫びをする。絶対に言い訳や口論をせず、謙虚に、丁寧に、謝罪の意を伝えることだ。

② お客様の言い分を聞く

苦情の内容を伺う時は口を差し挟まず、徹底して聞き役に回ること。いつ、どこで、何が、どのようにして起こったのか。謙虚な態度で注意深く聞き、事実を確認しよう。うなずく、相槌を打つなど、お客様が話しやすくなるような気配りを忘れずに。

③ 迅速に対応する

小さなクレームのように見えても初期対応がまずいと大きなトラブルになる。速やかな対応が解決への第一歩だ。どんなに些細なことでもすぐにスタッフから店長に報告させるよう習慣付けよう。解決したらクレームを頂いたことへの感謝の言葉を述べること。会計時には、もう一度店長が改めて謝罪とお礼を。不満が収まらない場合はご自宅を訪問してお詫びするなど、お客様が納得するまで誠実な対応を続けていただきたい。

④ 上司・本部へ報告する

上司や本部へは、苦情内容、原因、対応内容を正確に伝えること。場合によっては上司が改めてお客様に謝罪したり、お詫び状を送ったりする必要がある。問題解決が難航した際の対策として、「場所を変える・人を変える・時を変える」という3原則がある。

これをうまく活かしてお客様の気持ちを和らげよう。

クレームから常連客へ

2人の実力店長の誠実なクレーム対応の事例を紹介する。

■繁盛ラーメンチェーンの店長の対応

日々、様々なことに留意しながら営業していても、時としてお客様に不快な思いをさせてしまうことがある。ある時、50代のご夫婦からレジでクレームが入った。餃子を注文したのに提供されなかったのだ。レジの様子を見て店長はすぐ謝りに行ったのだが、お客様の不満は収まらない。駐車場まで行き、ひたすら頭を下げた。「本当に申し訳ございません。店として失格ですが、すべて私の教育不足によるところであり、私の責任です」と、1時間も謝り続けた。「必ずご満足いただけるような店にいたします。もう一度チャンスをください」と頭を下げる店長の誠実でひたむきな姿勢に、お客様の気持ちも徐々にほぐれ、こわばっていた表情がやがて笑顔に変わった。

店に戻るや店長は、「今のお客様の顔をしっかり覚えておいてください。ご来店の際は、すぐに私を呼んでほしい」とスタッフに指示した。そして1ヵ月後、そのお客様はご家族で再び来店。店長はすぐお客様のもとに馳せ、「先日は誠に失礼をいたしました。本日ご来店いただき、感謝申し上げます。本当にありがとうございます！」とお礼を述べ、お帰りの際もレジで謝意を繰り返し伝えた。以来、このお客様は常連客として店を支えてくださっている。

お客様が納得し、笑顔になるまで1時間も謝り続ける店長の姿勢はすばらしい。1人ひとりのお客様に対するこのような真摯な姿勢こそが、繁盛店をつくっているのだ。

マイナスをプラスに変えるクレーム対応

■老舗中華チェーンの店長の対応

日頃は優れたサービスを提供している老舗店でも、クレームが入ることがある。この店ではある年の末、年輩の女性からお帰りの際に「料理がぬるかった」とお叱りを受けた。

店長は「大変申し訳ございません。もしお料理に問題がございましたら、すぐ私にお声掛けください。責任を持って速やかにお取り替えいたします」と、名刺を渡して丁寧に謝罪した。

翌日の昼、そのお客様から電話が入った。以下は、その時のやりとりである。

お客様「昨日は友達を連れて行ったのに残念。本社に連絡しようと思ったけど、名刺を頂いたから、あなたとお話しすることにしました。あなたは昨日どう思ったの？」

店長「お電話ありがとうございます。私は今感動しております。なぜなら、私どもが改善すべき点をわざわざ教えていただけたからです。私どもの店のためになると思ってお言葉を頂けたことに感動しております」

お客様「もちろん、また伺いたいから言っているのよ」

店長「お電話に感謝すると同時に、お客様のご期待を裏切ったことへの悔しさもあります。これからすべての料理に細心の注意を払い、全力でおもてなしいたします」

お客様「分かったわ。また行くから、よろしくお願いね」

店長「ありがとうございます。ご来店の折りにはぜひお声掛けくださいませ」

クレームという大きなマイナス要素を次への期待というプラス要素に変える、すばらしい対応だと思う。

お客様を覚える努力は地域一番か?

「常連客が売上をつくる」ことの重要性については前述した。地域に根ざした愛される店をつくるためには、常連客1人ひとりを認識し、料理や飲み物の好みを覚えたり名前でお呼びしたりと、個別に対応できるように努力することが必要だ。

■地域密着型焼肉店のこだわりと気配り

ある焼肉店の店長は、行き届いた気配りで地域のお客様から高い評価を得ている。

七輪の網をスタッフが素手で交換するのを見て「えーっ、熱くないの?」と驚きの声を上げるのは、初めてのお客様である。網が七輪より一回り大きいため素手で持つことが可能なことは、常連客なら知っている。このように、お客様をよく見ていれば新規客かどうかが分かる。まずはそこから、常連になっていただくためのサービスが始まる。

例えば、新規客が残したものをチェックし、2回目の来店時に「ネギがお嫌いでしたよね？」と声を掛ければ、お客様は「よく気付いてくれたね」と驚く。お客様1人ひとりに対する細やかなサービスを実感していただくのだ。

常連客の多くは地域のお客様である。お客様をよく見て個別のサービスに努めることでリピーターを増やす。地域の人々の憩いの場にする。それが店長の想いだ。

お客様の持ち物にまで目が届く、きめ細やかなサービスには驚かされる。ディズニーランドのお土産を手にしているお客様がいれば、「1日ハッピーに過ごしたお客様だから、おいしい焼肉を食べて今日という日を最高に幸せな気分で締めくくっていただこう」と、スタッフの士気を高める。

この店長は、お客様の背景をよく見てサービスすることをスタッフたちに徹底指導している。気付きと対応の例をいくつか紹介しよう。

- お客様の髪型の変化に気付いて、「カットなさったんですね」などと声掛けする。
- ビジネスパーソンの場合、誰と一緒に（上司、部下、同僚、顧客など）どんなシチュエーションで（商談、仕事の打ち上げなど）来店したのかを考え、それぞれに合うサービスをする。
- 子供連れなら「大きくなられましたね」など、お子様に関する一言を添える。子供向けメニューのケアや、「スープはコショウ抜きにしましょうか?」などの配慮も必要。

・暑そうにしているお客様にはおしぼりを多めに出す。おしぼりが汚れているようなら、すぐに取り替える。

お客様のことを常に気に掛けること、これがサービスの基本である。外食はハレの日のイベントであり、非日常のスペシャルなひとときだ。かゆいところに手の届くような店長の気配りが、この店での楽しい時間をいっそう特別なものにしている。スタッフたちはこの店長の指導のもと、「気配りのできる人間」へと日々成長している。

■お客様情報を全スタッフが共有するイタリアン

あるイタリアンチェーンの店長は、「お客様認識ノート」というものをつくって情報を逐一記入していた。例えば、Aさんという顧客が今日は誰と一緒に来店してどこに座り、どんな料理やワインを注文したか、といった情報を毎回記入するのだ。それをスタッフ全員と共有する。料理や飲み物の好みはもちろん、趣味や出身地やペットに至るまで、全員がお客様の情報を書き入れていく。店長が休みの日にAさんが来店しても、どのスタッフでもきちんと対応できる。次の機会に店長が「先日はお休みを頂いていて失礼しました」と声を掛ければ、Ａさんはスタッフたちの対応に満足した話をしてくれる。こういうことをきっかけに、店長やスタッフとお客様との会話が広がっていくのだ。

この店にはお客様からこんなメールが届く。「明るくて元気でみんな輝いていますね。どうしてなの？といつも思ってしまいます」

嬉しいお言葉ではないか。

あなたの店は、お客様を個別に覚える努力が地域一番ですか？

11 他店見学で自店の欠点を知る ～飲食店経営者・店長の自己育成～

飲食店の経営者や店長は日頃どのような自己啓発を行い、成功へと結びつけているだろうか。アフターコロナを見据え、アンテナを高くして成功事例から学びたいものだが、その有効な手段として他店見学が挙げられる。

だが他店見学に入る前に、まずは自分自身を振り返っていただきたい。繁盛している店の経営者や店長たちは、以下のような情報収集で、常に自己育成に努めている。このような姿勢を踏まえた上で、初めて他店から学べることがあると言えるだろう。

〈飲食店経営者・店長のための自己育成〉

① 読書は自己育成の基本

② 店舗見学で繁盛店から学ぶ

③ 毎朝、全国紙と業界紙を読んでから出勤

④ 毎月、専門雑誌で情報を収集

⑤　SNSで業界情報収集
⑥　業界仲間との交流・情報交換
⑦　社内・社外セミナーの勉強会に出席
⑧　上司・先輩から学ぶ
⑨　社内研究サークルに参加（プロジェクトチーム）
⑩　一流ホテルや一流サービス業の見学

読書は自己育成の基本だが、日本人の年間の読書量は12～13冊だと言われる。1ヵ月にたった1冊だ。「国語に関する世論調査」（文化庁）における「1ヵ月に何冊くらい本を読んでいるか（雑誌や漫画を除く）」という質問に対し、（1冊も）読まないと答えた人が全体の47・5％に上っている（1～2冊↓34・5％、3～4冊↓10・9％、5～6冊↓3・4％、7冊以上↓3・6％）。

100人ほどの店長セミナーで自己育成の話をした際、「月に1冊以上本を読んでいる人は？」という質問に対して約50％の人の手が上がった。しかし2冊以上は一気に少なくなり、5冊以上ではわずか3～4人となった。上記のデータ通りである。

その3〜4人の店長の表情はとても精悍に見えた。この企業の幹部として活躍するであろう、将来の姿が見えたような気がした。

他店見学から学ぶ

繁盛店の経営者や成長チェーンのトップは、他店から積極的に学んでいる。優れた繁盛店をベンチマークし、それらを参考にして自社でコンセプトを練り上げ、上場を果たした企業も多い。

店舗見学の目的は「武器の発見」だと言われる。武器とは、お客様を惹きつけている魅力のことだ。優れた商品力（看板メニュー）、ファサードや外観、内装、質の高いサービス、最新のコンセプトなど、他社の数々の武器を自分の目で実感し、自社のブラッシュアップに活用していくのだ。

20代の店長時代、私はアルバイトリーダーを連れてQSCオペレーションレベルの高いファストフードやファミリーレストランへ見学に行き、「スタッフの笑顔、クレンリネスレベルを見よ！」と、彼らを鼓舞していた。

営業責任者時代に部下（店長・ＳＶ）のオペレーションレベルを上げる上で最も効率的だったのが、チェーン内におけるナンバー1店舗の見学だった。女性スタッフの笑顔のすばらしさ、おすすめメニューをサジェストするタイミングの良さ、商品の品質の高さ、食材のみずみずしさ、一点の曇りもなく完璧に磨き上げられたホールやキッチン、感動的なお見送りの姿勢…。良いもの、優れたものを目の当たりにすると、自分の店の実態に気付かされる。レベルの高い優れた店舗を見れば、良否を判断する力も磨かれる。

飲食店の経営者と一緒に繁盛店視察に行くと、その反応は大きく2つのタイプに分かれる。1つは、同じ業種で自店より繁盛しているのに良いところを見ようとせず、欠点ばかり探して批判するタイプ。もう1つは、目から鱗の発見をいくつもし、店に戻ったらここを改善しようと発奮するタイプだ。当然のことながら、後者の経営者のほうが伸びていく。

営業責任者時代にはまた、日本有数のチェーンの見学をはじめとして、自社店舗のチェックでも大型バスを借り切り、店長が30人ずつ交代で参加して勉強会をしたものだ。視察後、その店の強み、参考になったことをバスの中で1人ずつ発表した。大勢の店長で出掛けると「気付く」ことも多く、お互いに勉強になる。

日本経営品質賞を2度受賞している株式会社武蔵野（ダスキン事業・コンサルティング事業）では、自社の「バスウォッチング」という勉強会を年8回実施している。見学の途中で「気付いたこと」「勉強になったこと」「実践したいこと」を各自発表する。そして終了後、その日のうちに「全営業所を回って気付いたこと」を50項目書く。鉄は熱いうちに打て。速やかにレポート提出することを義務付け、改善に活かすよう勧めているのだ。

（『強い会社の教科書』小山昇著、ダイヤモンド社、参考）

〈見学する店舗例〉

① 同業種の超繁盛店
② 所属するチェーンのQSCナンバー1店舗
③ 店舗数が増加している業界の注目チェーン店
④ 優れた何かを持っている日本有数のチェーン店
⑤ 坪売上50万円以上の繁盛店
⑥ テイクアウト・デリバリーの成功店

店舗見学記録

店名（　　　　　　　　　　　　　　）		年　月　日　時	
店のイメージ（外観）		看板メニュー	
内装の特徴		接客サービス	
客層		クレンリネス	
入店時の印象		販売促進	
客単価		武器のまとめ	
坪数・席数			

ある和食店の優れた料理長は、社員の「職人教育」の中で料理の鮮度とセンスを最重視しているという。鮮度を見極めるには、魚介の知識、産地、市場、仕入れ等について学ぶ必要があり、センスを高めるには自分自身を磨かなければならないと話す。職人は芸術的なものに触れるべきだとの持論を有している。ミュージアムへ足を運んで美しい写真や絵画、映像、工芸作品を眺め、本物のすばらしさを実感して感性を磨くことが大切だという。自店のことだけを懸命にやっていても視野は広がらないのだ。

世界最大の小売業ウォルマートの創業者サム・ウォルトンはこう語っている。

「私が他社のどの経営者にも勝っていたのは頭の良さや決断力や統率力などではなくて、他社の店を誰よりも多く毎年視察し続けたことである」

ぜひ積極的に店舗見学をし、自社の繁栄に繋げていってほしい。

12 「緊急でない重要なこと」が大切

■時間管理のマトリックス

本書の最後を締めくくる本項では、「緊急でない重要なこと」が大切であるという考え方について解説する。

次ページの図は、『7つの習慣』の中でスティーブン・R・コヴィーが提唱している時間管理のマトリックスを、飲食店用にアレンジしたものである。

第一領域は「緊急で重要なこと」で、QSCオペレーションや時間に追われる作業、クレームなど、毎日の問題に対する対応を示している。差し迫った目先の問題であり、速やかな対応を迫られるため、優先順位が最も高くなる。しかし、緊急だからといってこれらにばかり時間を費やしていると、ただ仕事に追われるだけの日々を過ごすことになる。はたしてそれでいいのだろうか？

本当に大切なのは、第二領域の「緊急ではないが重要なこと」の内容だ。スタッフ教育、

	緊急なこと	緊急でないこと
重要なこと	第一領域 ○ ・毎日のQSCの問題対応 ・追われる毎日の作業 ・クレーム対応 ・発注・ワークスケジュールづくり ・切羽詰まった問題 ・スタッフの人間関係の問題	第二領域 ◎ ・スタッフ教育 ・スタッフリーダー養成 ・コミュニケーション、チームワーク ・個人目標の設定、褒める仕組み ・全体ミーティング、改善活動 ・自己啓発、繁盛店の視察
重要でないこと	第三領域 × ・多くの会議や報告書 ・突然の来店 ・多くの電話 ・雑事	第四領域 ×× ・待ち時間 ・無意味な付き合い ・ネットサーフィン ・スマホで時間つぶし

『7つの習慣』スティーブン・R・コヴィー著、キングベアー出版、参考

スタッフリーダーの養成、スタッフとのコミュニケーション、お客様に店の空気が伝わるチームワークの良さ、すでに解説したスタッフの個人目標の設定や褒める仕組み、全体ミーティングなどを着実に実践することで、緊急を要する問題の根本的な発生原因が浮き彫りになり、早めに改善策を考えることができ、第一領域の緊急な諸問題を未然に防いでいくことが可能になる。

もちろん第三領域の問題も解決可能となる。第四領域に至っては、このような事態を招くこと自

体が減るはずだ。

第一領域は要するに「問題対処領域」であり、次から次へと起こる問題をただ対処しているだけの状態である。これに対し第二領域は「問題解決領域」と言える。スタッフ教育に時間を掛け、スタッフリーダーを育成していけば、毎日のＱＳＣの問題が深刻化する前に対応できる。

この第一領域と第二領域の概要を店長セミナーで解説すると、多くの店長が「私は第一領域のことにばかり追われていました。第二領域の時間をもっと取り、立て直していきたい」と反省する。店長は3ヵ月後、半年後のために今何をすべきかを考えて、実践していく必要がある。将来のための時間をつくることが大切なのだ。

ＩＴの巨大企業グーグルには、「20％ルール」なるものがある。心にゆとりを持つというこことだが、業務時間のうちの20％を「普段の業務と異なる業務」、つまり、今すぐに見返りがなくても将来大きなチャンスになる可能性のある取り組みに当てようという制度である。将来のために時間を20％使おうという試みは、時間管理マトリックスの「第二領域」に時間を割くことと同じである。

■人間関係の質が変われば成果が変わる

マサチューセッツ大学のダニエル・キム教授が提唱した「組織の成功循環モデル」という概念がある。このモデルにはグッドサイクルとバッドサイクルという2つのサイクルがあり、それぞれ「関係の質」「思考の質」「行動の質」「結果の質」という、サイクルを構成する4つの要素がある。

グッドサイクルは、人間関係が良好でお互いに尊重し合いながら対話ができる「関係」があるため、みんなで一緒に「思考」するようになり、当事者意識を持って助け合いながら自発的に「行動」するのでミスやクレームが減少し、QSCレベルが上がって「結果」（成果）を実感でき、お客様からの信頼が高まって「関係」がより深まる。こうして正のスパイラルが続いていく。

これに対しバッドサイクルは「関係の質」が一方的命令と押し付けで、店の雰囲気は悪くなり、「思考の質」は受け身でやらされ感いっぱいとなり、「行動の質」はやる気が低下し、「結果の質」の成果は上がらないので、また「関係の質」はさらに悪くなる負のスパイラルに陥っていく。

組織の成功循環モデル

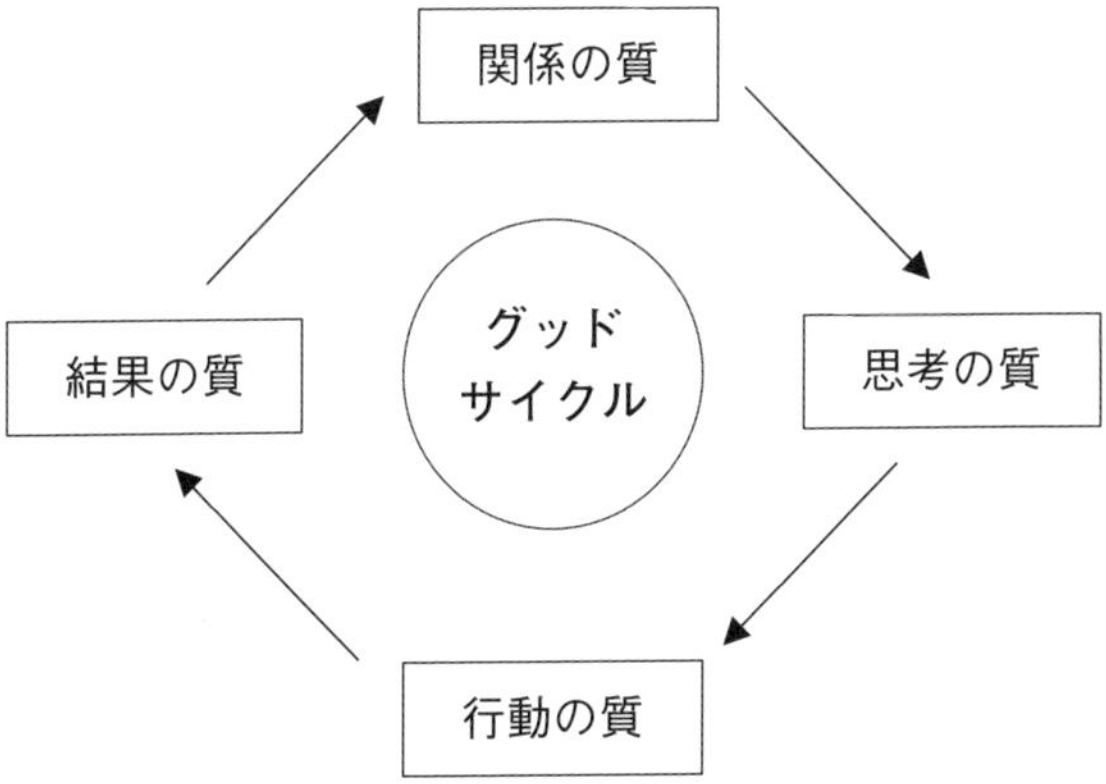

マサチューセッツ大学 ダニエル・キム教授

この成功循環モデルにおけるポイントは、まずは「関係の質」を高めるべきだと説いた点にある。良い結果への道は、良好な関係が築かれてこそ開かれる。

「緊急ではない重要なこと」の重要性と、「人間関係の質を高めること」の大切さを理解していただけただろうか。

飲食店経営者や店長の皆さんが、この本を読んでアフターコロナに向けて打つべき手が十分にあることを実感し、危機に強い店づくりを目指して根底から立て直す上での参考にしていただければ幸いである。

読者の皆さんのこれからのフードサービスビジネス人生において、この本が少しでもお役に立つことを願っている。

最後までお読みいただき、心より感謝いたします。ありがとうございました。

田中　司朗

●著者略歴
田中 司朗（たなか しろう）
株式会社田中コンサルティング事務所代表取締役。
1953年三重県松阪市生まれ。大手ファーストフードからステーキハウスまで、店長、スーパーバイザー、営業本部長（120店舗統括）を経て、1995年独立。日本ＫＦＣよりベストコントローラー賞受賞（最優秀部長賞）。フードサービスおよびフランチャイズシステム全般のコンサルティング活動を展開中。専門は店長・スーパーバイザー教育・フランチャイズ本部サポート。「実力店長養成講座」は300社２万人実施。中国飲食店経営者日本視察セミナーコーディネーター。(社)全能連認定マスターマネジメントコンサルタント。日本経営士会 経営士。
著書に『飲食店 店長の仕事』（商業界）、『実力店長はここが違う』（商業界）、『感動のサービスが実現する一瞬』（中経出版）
月刊『飲食店経営』25年間常連執筆。
http://www.tanaka-consulting.jp
E-mail：shiro@tanaka-consulting.jp

2021年５月８日　第１刷発行
2023年４月30日　第２刷発行

売上５割減でも巻き返せる！
これからの飲食店経営者・店長の教科書

©著　者　田中司朗
発行者　脇坂康弘

〒113-0033 東京都文京区本郷 3-38-1
発行所 株式会社 同友館
TEL. 03（3813）3966
FAX. 03（3818）2774
URL https://www.doyukan.co.jp

落丁・乱丁本はお取替えいたします。
三美印刷／東京美術紙工
ISBN 978-4-496-05536-2
Printed in Japan